数字经济背景下农村电子商务发展的经济效应研究

王 奇◎著

西南财经大学出版社
Southwestern University of Finance & Economics Press
中国 · 成都

图书在版编目(CIP)数据

数字经济背景下农村电子商务发展的经济效应研究/王奇著.--成都:西南财经大学出版社,2024.8.
ISBN 978-7-5504-6308-0

Ⅰ.F724.6

中国国家版本馆 CIP 数据核字第 20246SJ181 号

数字经济背景下农村电子商务发展的经济效应研究

SHUZI JINGJI BEIJINGXIA NONGCUN DIANZI SHANGWU FAZHAN DE JINGJI XIAOYING YANJIU

王奇 著

责任编辑:杜显钰
责任校对:向小英
封面设计:墨创文化
责任印制:朱曼丽

出版发行	西南财经大学出版社(四川省成都市光华村街 55 号)
网　　址	http://cbs.swufe.edu.cn
电子邮件	bookcj@swufe.edu.cn
邮政编码	610074
电　　话	028-87353785
照　　排	四川胜翔数码印务设计有限公司
印　　刷	四川五洲彩印有限责任公司
成品尺寸	170 mm×240 mm
印　　张	11
字　　数	159 千字
版　　次	2024 年 8 月第 1 版
印　　次	2024 年 8 月第 1 次印刷
书　　号	ISBN 978-7-5504-6308-0
定　　价	78.00 元

前　言

实施乡村振兴战略是构建现代化经济体系的基础，也是实现共同富裕的重要路径。随着数字经济的发展，农村电子商务创业成为带动我国农村地区产业振兴和一二三产业融合发展的新模式。农村电子商务因创业活力不断增加、就业吸纳效应不断提升、市场份额不断扩大、消费潜力不断激发，对推进乡村全面振兴起到了重要作用。因此，本书立足乡村振兴战略背景，首先从农民工返乡创业的视角研究了我国农村电子商务发展的微观路径；其次考察了以农村电子商务创业为代表的乡村数字化转型对我国农村特色产业集聚、劳动力就地就业和农村劳动力流动的影响及微观作用机制；最后系统研究了农村电子商务创业对农村家庭消费规模、消费结构、数字消费及消费不平等的影响。

近年来，我国农村电子商务经历了快速发展。截至2019年，全国农村网络销售额达1.7万亿元，同比增长19.1%；全国农产品网络销售额达1.3万亿元，同比增长21.2%。但是，关于我国农村电子商务发展的路径及其经济效应的研究还较少。与此同时，“十三五”以来，我国大量农民工返乡创业。农民工返乡创业给我国农村电子商务发展带来哪些影响，其影响机制是什么？农村电子商务创业是否带动了农村劳动力就地就业？农村电子商务创业是否提升了家庭福利？这些问题不仅是政府部门关心的重要问题，也是学术研究中关注的重大问题。本书旨在对此进行系统研究。本书的主要研究内容和具体研究结果如下：

第一，推动形成多层次高质量的返乡创业模式对激发农村创业活力，繁荣乡村产业及促进乡村全面振兴具有重要作用。本书首先研究了2016年以来，返乡创业政策的实施对县域电子商务创业的影响及微观作用机制。具体而言，本书将2000—2019年县域电子商务企业注册数据与县域统计年鉴数据进行匹配，利用2016年实施的返乡创业政策，使用准自然实验双重差分法，研究了政府部门支持的返乡创业政策的实施效果。研究发现，返乡创业政策的实施显著促进了县域电子商务创业。总体而言，返乡创业政策的实施平均每年增加了11.11%的县域电子商务企业注册数量。同时，双重差分模型估计了样本期间的平均处理效应，经测算，返乡创业政策的实施平均每年提升了约2.78%的农村电子商务创业幅度。这一结果在排除其他同期政策、缩短样本时间及进行平行趋势检验后依然成立。进一步，本书通过研究阿里研究院的县域淘宝店铺注册数据，发现政府部门支持的返乡创业政策促进了县域地区利用淘宝平台进行电子商务创业，提高了县域淘宝店铺的存活率，并增加了县域淘宝店铺的平均订单数量。机制分析发现，在人口流出的县域，返乡创业政策的实施显著促进了当地的电子商务创业。这表明，外出务工带来的物质资本和人力资本的积累有助于进城务工人员在返乡后进行电子商务创业。异质性分析发现，返乡创业政策的实施更有利于西部地区的电子商务创业；同时，在人力资本前期积累较丰富的地区，返乡创业政策的实施会更加显著地促进电子商务创业，这也表明了人力资本的积累对县域电子商务创业具有重要作用。这些研究结果表明，政府部门支持的返乡创业政策显著增加了农村电子商务企业数量，并有助于淘宝店铺等小微企业的存活，也说明了出台区域性政策是促进农村电子商务发展的重要路径。以上研究揭示了实施返乡创业政策是提升农村地区创业活力、繁荣乡村产业及实现全面乡村振兴的重要推动力。

第二，就业是最大的民生，就业稳定是收入稳定、消费稳定及社会稳定的前提。农民工返乡创业并带动就业是促进农村居民就业、提升农村居民收入的重要手段。一方面，城镇产业转型升级对低技能劳动力的需求逐步降低；另一方面，乡镇企业衰落，非农就业机会减少，机械化普及率逐步提高，使得农村无需过多的农业劳动力。因此，返乡创业，进而拉动就业是促进农村居民本地非农就业的重要方式。返乡创业政策的实施有助于促进电子商务企业进入农村，而市场主体的增加将吸纳农村地区的剩余劳动力，创造就业岗位，从而带动农村居民本地非农就业，提升农村家庭的工资性收入。农村居民充分就业有助于减小城乡收入差距，促进共同富裕的实现。基于此，本书利用西南财经大学中国家庭金融调查与研究中心于2017年、2019年采集的中国社区治理调查数据，研究农村电子商务创业对农村劳动力就业的影响及微观作用机制。本书研究发现，农村电子商务创业显著促进了农村居民本地就业。总体而言，电子商务创业家庭每增加

1%，则吸纳就业人数增加 38.74%。在行政村中，平均电子商务创业户数为 5.733 6 户，平均吸纳就业人数为 429 人。经测算，电子商务创业户数每增加 1 户，就将促进 32 人就业。在控制双向固定效应后，上述结果依然稳健。机制分析发现，农村电子商务创业促进了农村特色产业发展。进一步的研究表明，农村电子商务创业减少了农村劳动力外流的情况。利用家庭微观数据，笔者研究发现，农村电子商务创业提升了农村居民的人均收入水平，且主要通过提升农村家庭人均工资性收入来提高农村家庭总收入。这揭示了农村电子商务创业是稳就业，促进农村特色产业发展，提升农户收入的重要渠道。

第三，在构建以国内大循环为主体、国内国际双循环相互促进的新发展格局中，打通消费“堵点”、建立新型消费体系至关重要。由于我国农村地区具有广阔的消费市场，因此，进一步激发农村居民的消费潜力对推动消费升级具有重要的现实意义。要持续提升农村居民的消费能力，就必须不断提高农村居民的收入水平。农村电子商务发展可通过两个方面改善家庭福利：一方面，农村电子商务发展可以促进农村居民就业，提高农村家庭收入，进而促进消费；另一方面，农村电子商务发展通过降低信息搜寻成本、企业运营成本及固定成本来促进专业化分工，从而增加交易量。较低的交易成本有利于产品多样化。电子商务平台通过减少市场分割，不仅使网络卖家可以进入更大的市场，而且使消费者可以从商品竞争中享受优惠价格，这间接提升了家庭的可支配收入，从而促进家庭消费。本书主要关注农村电子商务创业通过提升农村家庭人均收入对农村家庭消费产生影响。基于 2017 年、2019 年采集的中国家庭金融调查数据，在控制家庭固定效应、年份固定效应、户主特征变量及家庭特征变量后，笔者研究发现，农村电子商务创业显著增加了农村家庭总消费。机制分析发现，农村电子商务创业主要通过提高农村家庭人均工资性收入来促进农村家庭消费。异质性分析发现，对户主年龄较大、户主为女性、收入较低、距离所在城市中心较远的家庭而言，农村电子商务创业对其消费的促进作用更大。进一步地，笔者将农村家庭总消费分为农村家庭生存型消费和农村家庭享受型消费，发现农村电子商务创业对农村家庭享受型消费的促进作用较大，而对农村家庭生存型消费的提升作用不明显。同时，本书发现，农村电子商务创业减轻了农村家庭消费不平等，有助于均衡农村家庭消费水平。此外，基于中国县域数字乡村指数，本书研究发现，县域电子商务发展对每亿元社会消费品零售总额中线上消费金额占比、人均线上生活消费订单数、人均线上生活消费金额和乡村生活数字化指数等都有明显的提升作用，且这一作用在人口规模较小、地形起伏较大的地区更为显著。这表明，县域电子商务创业程度的提升降低了当地贸易成本，并对受到人口、地形等因素限制的地区产生了更大的消费边际效应。

本书在数据使用、研究方法、研究视角和研究内容上具有如下创新点：

第一，本书基于家庭微观数据和县域电子商务企业注册数据，利用准自然实验方法，构建评估农村电子商务创业的实证模型。本书突破了微观数据间匹配的限制，能够更全面地阐释农村电子商务创业的作用机制，从而对现有研究形成有效补充。在数据使用和研究方法上，本书利用多方面的微观数据进行匹配，形成独特数据集和准自然实验方法，具有一定的创新性，具体如下：①在微观数据使用方面，本书将2000—2019年县域电子商务企业注册数据、县域统计年鉴数据和县域淘宝店铺注册数据进行匹配，形成县域层面的电子商务创业数据集。该数据集不仅较为精细，而且能够全面刻画“十三五”以来，我国农村电子商务在时间维度和县域空间维度的发展状况，这为其他学者研究电子商务创业提供了新的数据集。在研究电子商务创业带动就业方面，本书使用了中国城乡治理调查数据。该数据详细记录了行政村的电子商务创业和就业情况，有助于我们系统评估创业带动就业。②在因果识别方面，本书将2016年以来开展的大规模返乡创业试点作为准自然实验，利用双重差分模型，系统研究了返乡创业政策对电子商务创业的因果效应。

第二，本书在创业理论、就业理论和消费理论的框架下，以农村电子商务创业为切入点，研究了我国农村电子商务发展的路径，为促进乡村振兴和实现共同富裕提供了新的理论视角。在研究内容上，与已有文献不同，本书主要关注我国农村电子商务发展的路径及经济效应，具体如下：①在我国农村电子商务发展的路径方面，本书重点研究了政府部门支持的返乡创业政策对我国农村电子商务创业的影响，这为理解我国农村电子商务创业的形成提供了新视角。已有文献对创业影响因素的研究，主要从企业家个体特征、社会制度及地区特征等方面展开。此外，本书的研究发现，返乡人口的流动有助于促进知识溢出，从而刺激农村电子商务创业，这拓展了现有的关于知识溢出的研究。②在农村电子商务创业带动就业方面，本书将研究视角从消费者转向生产者。已有研究电子商务发展影响微观家庭的文献主要集中在家庭消费方面，基本认为电子商务发展显著增加了家庭消费支出，而消费需求的满足和搜寻成本的降低可能是作用机制；同时，电子商务发展在促进家庭消费、改善家庭福利方面的效果在农村地区和偏远山区更为明显。本书在研究电子商务发展对微观家庭的影响时，从消费者福利视角转向生产者福利视角，通过对家庭劳动力的非农就业、多重就业和新业态就业等进行分析，弥补现有研究的不足。现有关于电子商务发展影响劳动力市场的文献主要集中在劳动力创业和劳动力收入方面，基本发现了电子商务发展对创新创业的刺激效应和以淘宝村打造为代表的农村电子商务发展对农户增收致富的显著作用。本书转向劳动力就业的视角，研究农村电子商务发展对优化农村就业结构的作用，丰富了电子商务发展影响劳动力市场的相关文献。本书不同于以往研究仅关注宽带、光纤等通信工具的升级换代，而从最具代表性的数字经济应用——电子商务切入，研究其对农村劳动力就业的影响，从而拓展了有关数字经济影响劳动力就业的研究。③本书深化了有关电子商务创业促进家庭消费的研究。已有文献主要从单一电子商务平台的发展角度对家庭消费进行研究，如关注淘宝平台对家庭消费的影响。与这些研究不同，本书不仅关注家庭网络消费，而且关注农村电子商务创业对农村家庭总消费及家庭消费结构的影响。在研究机制方面，与上述文献的研究机制不同，本书将利用电子商务发展促进家庭收入增长，进而促进家庭消费提升这一影响机制进行研究。进一步地，本书利用中国县域数字乡村指数分析了农村电子商务创业对数字消费及乡村数字生活指数的影响，这丰富了有关电子商务创业影响家庭消费的研究。已有关于消费不平等的研究主要关注城市内部消费不平等或城乡消费不平等，而较少关注农村内部消费不平等。本书在既有文献的基础上，测算了行政村的家庭消费不平等，并研究了农村电子商务创业对消费不平等的影响。研究发现，农村电子商务创业有助于减轻农村内部消费不平等。因此，本书为考察农村地区的消费不平等问题提供了新的实证研究视角。本书的政策意义如下：

第一，本书为系统理解我国农村电子商务发展的路径和农村电子商务创业的经济效应提供了微观层面的经验证据，对推动全面乡村振兴和实现共同富裕具有重要的现实意义。本书利用 2000—2019 年县域电子商务企业注册数据探讨了我国农村电子商务发展的路径，并结合中国城乡治理调查数据和中国家庭金融调查数据详细研究了农村电子商务创业对劳动力市场和家庭消费的作用机制。

第二，本书评估了返乡创业政策的实施效果和农村电子商务创业所产生的就业效应和消费效应，为相关部门出台促进农村电子商务可持续发展的政策提供参考。自2016年以来，我国政府分三批开展返乡创业试点工作，并为此投入了大量资金。这是否带来了相应的经济收益？返乡创业是否带动了本地劳动力就业，是否促进了农村家庭消费？对于这些问题，本书将使用准自然实验方法，合理评估返乡创业政策的实施效果及农村电子商务创业所产生的就业效应和消费效应，从而为相关部门制定促进农村电子商务可持续发展的政策提供参考。

王奇

2024年7月

目　录

第 1 章　绪论

1.1　研究背景

实施乡村振兴战略是构建现代化经济体系的基础，也是实现共同富裕的重要路径。随着数字经济的发展，农村电子商务创业成为带动农村产业振兴、生活富裕及一二三产业融合发展的新模式。农村电子商务因创业活力不断增强、吸纳就业效应不断提升、市场份额不断扩大、消费潜力不断激发而对推进乡村全面振兴起到重要作用。本书立足乡村振兴战略背景，首先从农民工返乡创业的视角研究了我国农村电子商务发展的微观路径，其次考察了以农村电子商务创业为代表的乡村数字化转型对我国农村特色产业集聚、劳动力就地就业及农村劳动力流动的影响及微观作用机制，最后系统研究了农村电子商务创业对农村家庭消费规模、消费结构、数字消费及消费不平等的影响。

近年来，我国农村电子商务经历了快速发展。如图 1-1 所示，在样本县域中，农村电子商务企业每年新增注册数量极速增加。与此同时，农村网络零售交易额也在迅速攀升。如图 1-2 所示，截至 2019 年我国农村网络零售交易额达 1.7 万亿元，同比增长 19.1%；全国农产品网络零售交易额达 1.3 万亿元，同比增长 21.2%。但是，目前关于我国农村电子商务发展的路径及经济效应的相关研究还较少。此外，"十三五"以来，我国大量农民工返乡创业。如图 1-3 所示，2015 年返乡创业人数为 242 万人，

2019 年返乡创业人数增加到 850 万人。农民工返乡创业给我国农村电子商务发展带来了哪些影响，其影响机制是什么？农村电子商务创业是否带动了农村劳动力就地就业？农村电子商务创业是否提升了农村家庭福利？这些问题不仅是政府部门关心的重要问题，也是学术研究中关注的重大问题。本书旨在对此进行系统研究。

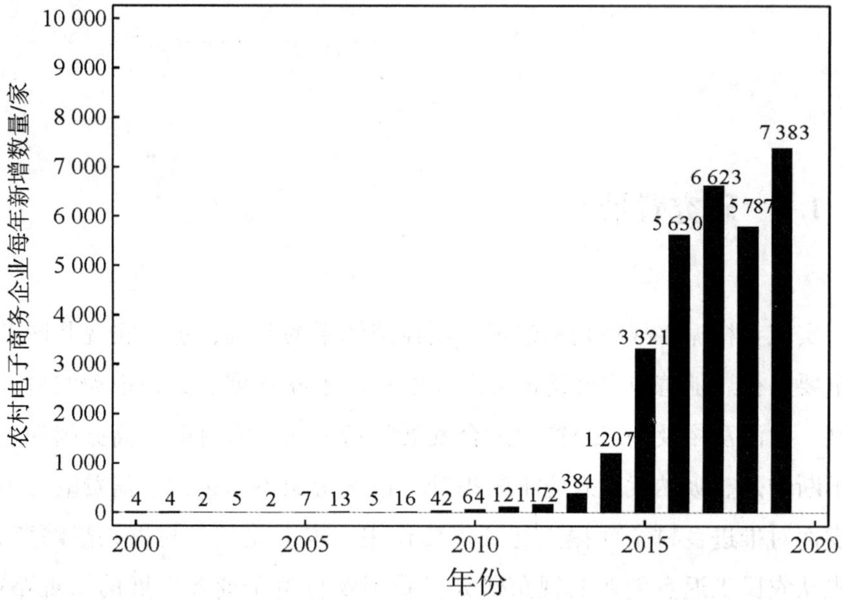

图 1-1　样本县域中农村电子商务企业每年新增数量

数据来源：全国工商企业注册大数据库。

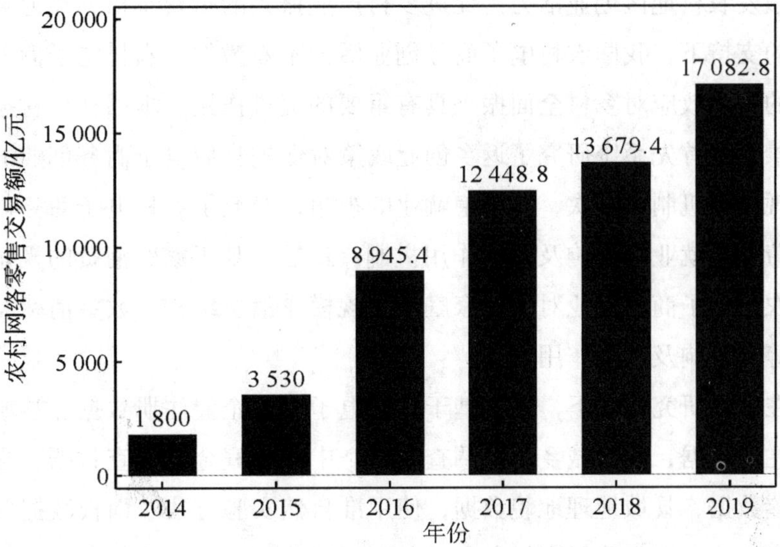

图 1-2　农村网络零售交易额

数据来源：工业和信息化部官方网站。

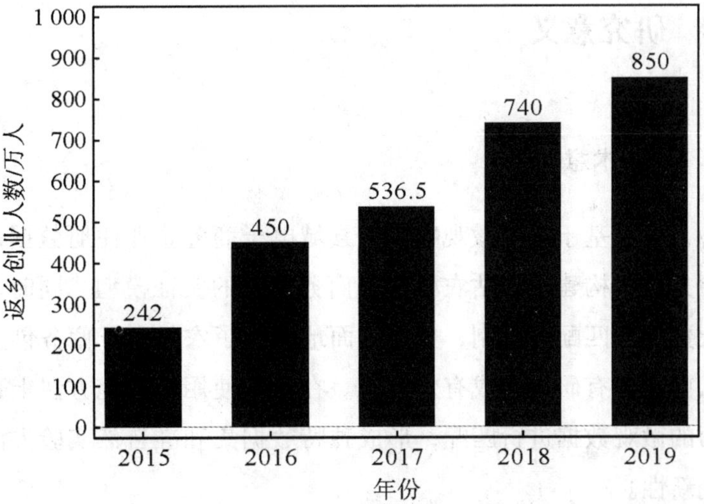

图 1-3　返乡创业人数

数据来源：中国政府网。

激发农村地区创业活力是促进乡村产业振兴的重要举措。在返乡创业政策的支持下，我国农村电子商务创业活力不断激发，农村电子商务创业带来的经济效应对乡村全面振兴具有重要的促进作用。本书在乡村振兴战略背景下，首先系统研究了返乡创业政策对促进县域电子商务创业的作用及微观作用机制；其次，基于稳就业的视角，研究了农村电子商务创业对农村劳动力就业的影响及微观作用机制；最后，基于家庭消费的视角，研究了农村电子商务创业对农村家庭消费规模、消费结构、数字消费及消费不平等的影响及微观作用机制。

在上述研究框架下，本书基于县域电子商务企业注册数据、县域淘宝店铺注册数据、中国城乡治理调查数据、中国家庭金融调查数据、县域统计年鉴数据、县域地理地貌数据，使用准自然实验方法、面板数据双向固定效应方法，探寻我国农村电子商务发展的路径，研究我国农村电子商务发展对农村劳动力市场、农村家庭消费等的影响及微观作用机制。

1.2 研究意义

1.2.1 学术意义

第一，本书基于家庭微观数据和县域电子商务企业注册数据，利用准自然实验方法，构建了评估农村电子商务创业的实证模型。同时，本书突破了微观数据间匹配的限制，更加全面地阐释了农村电子商务创业的作用机制，从而对现有研究形成有效补充。在数据使用和研究方法上，本书利用多方面的微观数据进行匹配，形成独特数据集和准自然实验方法，具有一定的创新性。

第二，本书在创业理论、就业理论和消费理论的框架下，以农村电子商务创业为切入点，研究了我国农村电子商务发展的路径及经济效应，为促进乡村全面振兴和实现共同富裕提供了新的理论视角。

1.2.2 政策意义和政策建议

1.2.2.1 政策意义

本书的政策意义体现在如下三个方面：

首先，本书的研究发现，返乡创业政策的实施有助于促进县域电子商务创业，因此政府部门应积极推进返乡创业政策落实落地。

其次，本书的研究发现，返乡创业政策的实施对西部地区的电子商务创业的促进效应更为显著，这给推动我国实现城乡融合、区域协调发展带来重要的政策启示。

最后，加快培育特色产业集群是促进本地产业发展的重要抓手。本书的研究发现，返乡创业政策的实施有助于淘宝店铺的存活，而淘宝店铺大多是具有当地特色的小微企业。因此，在县域地区发展特色产业是形成特色产业集群的重要路径。农村地区的发展是发展中国家面临的重要问题，因此，本书的研究能为其他发展中国家促进本国农村地区的电子商务创业提供中国经验。

1.2.2.2 政策建议

本书在政策方面的建议如下：

第一，以供给侧结构性改革为指导优化乡村产业结构，促进乡村特色产业发展。农村地区的农产品时常出现供给质量不高、不能满足城市居民消费需要、价格低廉、供过于求的情况。因此，相关部门应不断深化供给侧结构性改革，促进农村地区提高农产品质量，优化特色产品。此外，本书的研究发现，电子商务创业形成的特色产业集群有助于吸纳本地劳动力就地就业。因此，相关部门应引导返乡人员在创业时利用电子商务平台拓宽销售渠道，促进产业集聚，实现协同发展；同时，应鼓励返乡人员将创业与当地资源开发相结合，积极培育就业带动能力强、收入提升效果显著的特色产业。

第二，促进农村电子商务创业，加强农村电子商务人才储备。本书的研究表明，电子商务创业可以帮助本地劳动力实现就地就业，达到创业带动就业的目的。因此，农村地区在电子商务人才储备方面应通过项目培育培养一批领军人才，打造一支爱农村、懂电子商务创业的专业技术人才队伍，为发展农村电子商务奠定基础；应以返乡创业人员为抓手，积极开展电子商务培训，强化政策支持，加强创业载体建设；应建立人才引进、激励和保障体系，加大实用人才引进力度，促进其返乡创业，为大学生、农业科技人员、技术紧缺人才提供创业补贴，建立完善的服务保障制度。

第三，进一步发挥农村电子商务创业促进农村家庭消费的作用。本书的研究发现，农村电子商务发展不仅有助于刺激农村家庭消费，而且有助于促进消费升级及减轻消费不平等。因此，政府部门应积极出台相应政策，推进农村电子商务健康可持续发展。

第四，促进农产品进城、工业品下乡，实现线上线下融合发展。本书的研究发现，农村电子商务创业显著促进了县域生活数字化，因此相关部门应不断完善现代物流体系，进一步降低农村地区物流成本，持续提升农村地区物流效率，满足居民线上购物需求。

1.3 研究思路

本书紧紧围绕农村电子商务发展的路径及产生的经济效应进行研究，即根据农村电子商务创业的理论框架、国内外文献对农村电子商务创业的研究及我国农村电子商务创业的政策背景，探寻农村电子商务发展的中国路径，并评估其经济效应。具体而言，本书将从以下三个方面展开研究：一是探讨返乡创业政策的实施对县域电子商务创业的影响及作用机制，二是分析农村电子商务创业对就业的影响及作用机制，三是考察农村电子商务创业对家庭消费的影响。本书将系统说明上述问题，并提出政策建议。基于此，本书的基本研究思路如下：

首先，本书结合创业理论、人口流动理论、知识溢出理论、数字经济理论、就业理论、消费理论及产业集聚理论，基于县域电子商务企业注册数据及县域统计年鉴数据，在返乡创业政策实施的背景下，利用准自然实验方法，探寻我国农村电子商务发展的路径。本书系统研究了区域性政策支持的返乡创业，这对促进农村电子商务产业集聚、实现乡村产业振兴具有重要意义。

其次，本书在探寻我国农村电子商务发展的路径的基础上，进一步研究了农村电子商务创业所产生的就业效应。具体而言，本书使用中国城乡治理调查数据和中国家庭金融调查数据等微观数据，建立面板数据双向固定效应模型，从而探讨农村电子商务创业对稳就业的影响。在机制分析方面，本书聚焦农村电子商务创业促进本地特色产业发展，进而带动本地劳动力就地就业。同时，本书在劳动力流动的理论框架下探讨了农村电子商务创业对农村劳动力流动的影响，考察了农村电子商务创业对提升农村家庭收入的作用，并进一步指出农村电子商务创业提升的是哪一部分收入。

再次，本书在家庭消费的理论框架下分析了我国农村电子商务创业对家庭消费的影响。具体而言，本书使用中国城乡治理调查数据和中国家庭金融调查数据开展研究。在机制分析部分，笔者将探讨农村电子商务创业对农村家庭工资性收入的影响；在异质性分析部分，笔者将利用家庭特征和行政村特征分别进行探讨。进一步地，本书利用中国县域数字乡村指数分析我国农村电子商务创业对数字消费及乡村数字生活指数的影响。这拓展了关于电子商务创业影响家庭消费的研究。已有的关于消费不平等的研究主要关注城市内部消费不平等或城乡消费不平等，而较少关注农村内部消费不平等。本书在既有文献的基础上测算了行政村的家庭消费不平等，发现农村电子商务创业有助于减轻农村内部消费不平等。

最后，本书在总结现有研究结论的基础上为相关部门提出了政策建议。此外，笔者指出了本书研究的局限性，并对后续研究进行了展望。本书的研究思路和技术路线分别如图 1-4 和图 1-5 所示。

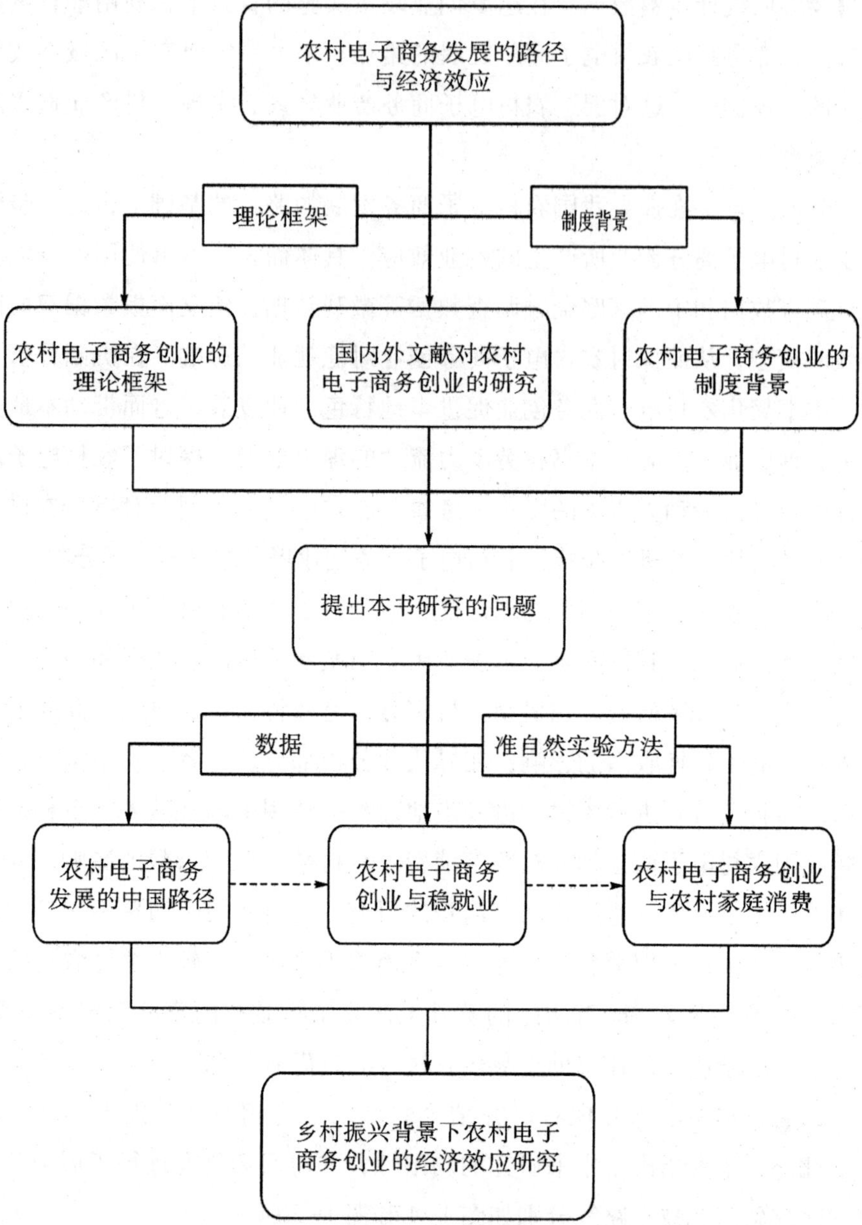
农村电子商务发展的路径
与经济效应
理论框架
制度背景
农村电子商务创业的
理论框架
国内外文献对农村
电子商务创业的研究
农村电子商务创业的
制度背景
提出本书研究的问题
数据
准自然实验方法
农村电子商务
发展的中国路径
农村电子商务
创业与稳就业
农村电子商务创业
与农村家庭消费
乡村振兴背景下农村电子
商务创业的经济效应研究

图 1-4　研究思路

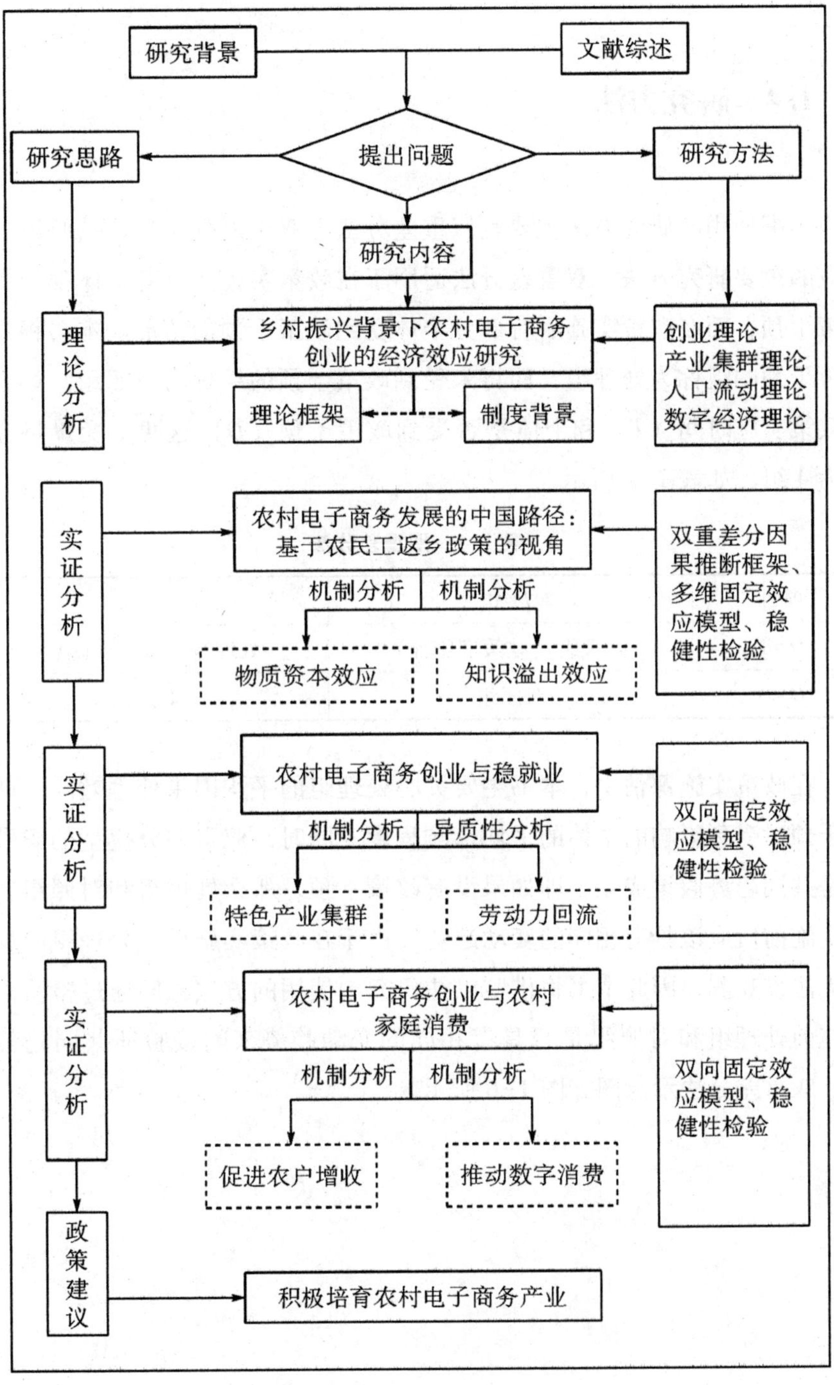
研究背景
文献综述
提出问题
研究思路
研究方法
研究内容
理论分析
乡村振兴背景下农村电子商务创业的经济效应研究
创业理论
产业集群理论
人口流动理论
数字经济理论
理论框架
制度背景
实证分析
农村电子商务发展的中国路径：基于农民工返乡政策的视角
双重差分因果推断框架、多维固定效应模型、稳健性检验
机制分析
机制分析
物质资本效应
知识溢出效应
实证分析
农村电子商务创业与稳就业
双向固定效应模型、稳健性检验
机制分析
异质性分析
特色产业集群
劳动力回流
实证分析
农村电子商务创业与农村家庭消费
双向固定效应模型、稳健性检验
机制分析
机制分析
促进农户增收
推动数字消费
政策建议
积极培育农村电子商务产业

图 1-5　技术路线

1.4 研究方法

本书使用的研究方法主要是双重差分法。双重差分法是评估政策因果效应的重要研究方法。双重差分法适用于在政策实施前所有个体都未受到政策干预，而在政策实施后有部分个体受到政策干预的情形。本书将受到政策干预的组称为处理组，而将未受到政策干预的组称为对照组。笔者根据政策实施时间（T）和个体是否受到政策干预（D）这两个变量将样本分为4组，如表1-1所示。

表1-1 双重差分法

项目	$T=0$	$T=1$
$D=1$	处理组（政策实施前）	处理组（政策实施后）
$D=0$	对照组	对照组

在政策实施评估中，本书主要关心处理组的平均因果处理效应，即政策干预对受到影响的个体的平均影响程度。同时，双重差分模型的识别条件是共同趋势假设成立，即如果没有政策干预，那么处理组和对照组在政策实施前后应该具有相同的变动趋势。由于在政策实施后，处理组的反事实无法被观测，因此本书将借鉴以往研究中使用的方法，即通过检验政策实施前处理组和对照组是否具有相同的变动趋势来间接验证共同趋势假设。双重差分法示意图如图1-6所示。

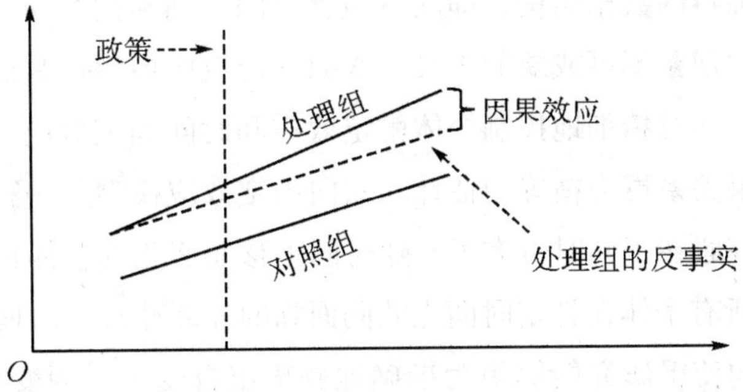

图 1-6　双重差分法示意图

根据共同趋势假设，我们可以推导出如下双重差分估计量：

$$
\begin{aligned}
&\tau_{\mathrm{ATT}}^{\mathrm{DID}}(X_{ct}) \\
&= E(Y_{1ct} - Y_{0ct} \mid D_{ct} = 1,\ X_{ct}) \\
&= E(Y_{1ct} \mid D_{ct} = 1,\ X_{ct}) - E(Y_{0ct} D_{ct} = 1,\ X_{ct}) \\
&= E(Y_{1ct} \mid D_{ct} = 1,\ X_{ct}) \\
&\quad \underbrace{- \{E(Y_{0ct-1} \mid D_{ct} = 1,\ X_{ct}) + E(Y_{0ct} - Y_{0ct-1} \mid D_{c} = 0,\ X_{ct}}_{\text{平行趋势假设}} \\
&= \underbrace{\{E(Y_{ct} \mid D_{c} = 1,\ X_{ct}) - E(Y_{ct-1} \mid D_{ct} = 1,\ X_{ct})\}}_{\text{处理组结果变量增量}} \\
&\quad \underbrace{- \{E(Y_{ct} \mid D_{ct} = 0,\ X_{ct}) - E(Y_{ct-1} \mid D_{ct} = 0,\ X_{ct})\}}_{\text{对照组结果变量增量}}
\end{aligned}
\tag{1-1}
$$

其中，t 为处理组试点年份，$t-1$ 为处理组试点前年份，c 为对应地区，$D_{ct}=1$ 表示 c 地区在 t 年进入处理组，$D_{ct}=0$ 表示 c 地区在 t 年是对照组，X_{ct} 为控制变量。因此，$E(Y_{1ct} \mid D_{ct}=1,\ X_{ct})$ 表示在给定 X_{ct} 变量后，处理组 c 地区在试点年份 t 后的平均经济发展情况，$E(Y_{0pt} \mid D_{pt}=1,\ X_{pt})$ 表示试点地区的反事实，实际无法观测。因此，使用双重差分法的前提条件是平行趋势假设成立，即 $E(Y_{0ct} \mid D_{ct}=1,\ X_{ct}) = \{E(Y_{0ct-1} \mid D_{ct}=1,\ X_{ct}) + E(Y_{0ct}-Y_{0ct-1} \mid D_{c}=0,\ X_{ct})\}$。其中，等号右边的条件期望可以基于观测数据计算得到，而等号左边的反事实是无法观测到的，因此平行趋势假设无法通过可观测数据来检验。若处理组与对照组的变化趋势在试点前无显著差异，那么我们可以推断平行趋势假设很有可能成立。

另外，本书使用了双向固定效应模型。在计量经济学领域，面板数据模型因具有独特的数据结构，即同时包含时间序列和横截面数据，而成为研究复杂经济现象不可或缺的工具。双向固定效应模型作为面板数据分析的一种形式，通过精细地控制个体固定效应和时间固定效应，为研究提供对变量间因果关系更为精确的估计。双向固定效应模型是一种多元线性回归模型，其核心在于同时考虑了不随时间推移而变化的个体特征（个体固定效应）和所有个体在特定时间点共同面临的外部冲击（时间固定效应）。这种模型结构使得研究能够更为准确地剥离出自变量对因变量的净影响，因为模型已经控制了那些可能同时影响自变量和因变量，但又不易观测的个体特征和时间因素。使用该模型的优势在于，能够控制未观测的异质性因素。在经济学研究中，个体层面和时间层面的异质性因素往往是难以避免且难以完全观测到的，这些未观测到的异质性因素可能导致估计结果出现偏差。而双向固定效应模型通过引入个体固定效应和时间固定效应，有效地控制了这些未观测到的异质性因素，从而增强了估计结果的可靠性和准确性。

综上所述，双向固定效应模型作为面板数据分析的重要工具，在计量经济学研究中发挥着举足轻重的作用。其通过精细地控制个体固定效应和时间固定效应，为研究者提供了更为可靠的因果推断方法。值得说明的是，双重差分模型和双向固定效应模型均基于面板数据进行分析。面板数据同时包含横截面数据和时间序列两个维度，这使得双重差分模型和双向固定效应模型能够捕捉个体（或群体）随时间推移而变化的行为特征。这两种模型都试图通过控制某些变量来减少估计偏误。双重差分模型通过比较处理组（接受政策或干预的组）和对照组（未接受政策或干预的组）在政策（或干预）实施前后的差异，来估计政策（或干预）的实施效应，这实际上控制了时间不变的个体特征、处理组与未处理组之间的异质性。双向固定效应模型则通过引入个体固定效应和时间固定效应，进一步控制未观测到的个体异质性和时间趋势。通过控制潜在的混杂因素，我们能够更准确地估计处理效应（或政策效应），从而为本书的研究提供有力支持。

1.5 主要创新

①在数据使用和研究方法上，本书利用多方面的微观数据进行匹配，形成独特数据集和准自然实验方法，具有一定的创新性。具体如下：

第一，在微观数据使用方面，本书将2000—2019年县域电子商务企业注册数据、县域统计年鉴数据和县域淘宝店铺注册数据进行匹配，形成县域层面的电子商务创业数据集。该数据集不仅较为精细，而且能够全面刻画“十三五”以来，我国农村电子商务在时间维度和县域空间维度的发展状况。这为其他学者研究电子商务创业提供了新的数据集。在研究农村电子商务创业带动就业方面，本书使用了中国城乡治理调查数据。该数据详细记录了行政村的电子商务创业和就业情况，为笔者系统评估农村电子商务创业带动就业提供了新路径。

第二，在因果识别方面，本书将2016年以来实施的大规模返乡创业试点作为准自然实验，利用双重差分模型，系统研究了返乡创业政策对电子商务创业的因果效应。

②在研究内容上，与已有研究不同，本书主要关注我国农村电子商务发展的路径及经济效应。具体如下：

第一，在我国农村电子商务发展的路径方面，本书重点研究了返乡创业政策的实施对农村电子商务创业的影响，为人们理解我国农村电子商务创业的形成提供了新视角。已有文献对创业影响因素的研究主要从企业家个体特征、社会制度及地区特征等方面展开。本书的研究还发现，返乡人口的流动有助于促进知识溢出，从而刺激农村居民在本地进行电子商务创业，这丰富了现有的关于知识溢出的文献。

第二，在探讨农村电子商务创业带动就业方面，本书将研究视角从消费者转向生产者。已有研究电子商务发展影响家庭的文献主要集中在家庭消费方面，基本认为电子商务发展显著增加了家庭消费支出，而消费需求的满足和搜寻成本的降低可能是作用机制；同时，电子商务发展在促进家庭消费、改善家庭福利方面的效果在农村地区和偏远山区更为明显。本书在研究电子商务发展对家庭的影响时，从消费者福利视角转向生产者福利视角，通过对家庭劳动力的非农就业、多重就业和新业态就业等进行分析，从而弥补现有研究的不足。现有关于电子商务发展影响劳动力市场的文献主要集中在劳动力创业和劳动力收入方面，基本发现了电子商务发展对创新创业的刺激效应和以“农村淘宝”打造为代表的农村电子商务发展对农户增收致富的显著作用。本书转向劳动力就业的视角，研究农村电子商务发展对优化农村就业结构的作用，从而丰富了有关电子商务发展影响劳动力市场的文献。此外，本书不同于以往研究仅关注宽带、光纤等通信工具的升级换代，而从最具代表性的数字经济应用——电子商务切入，研究其对农村劳动力就业的影响，从而拓展了数字经济影响劳动力就业的相关研究。

第三，在电子商务创业影响家庭消费方面，本书深化了有关电子商务创业促进家庭消费的研究。已有文献主要从单一电子商务平台的发展角度对家庭消费进行研究，如关注淘宝平台对家庭消费的影响。与这些研究不同，本书不仅关注家庭网络消费，而且关注农村电子商务创业对农村家庭总消费及农村家庭消费结构的影响。在研究机制方面，与上述文献的研究机制不同，本书将利用电子商务发展促进家庭收入增长，进而促进家庭消费提升这一影响机制进行研究。进一步地，本书利用中国县域数字乡村指数分析了农村电子商务创业对数字消费及乡村数字生活指数的影响，这拓展了已有关于电子商务创业影响家庭消费的研究。此外，已有的关于消费不平等的研究主要关注城市内部消费不平等或城乡消费不平等，而较少关注农村内部消费不平等。而本书在既有文献的基础上测算了行政村的家庭消费不平等，并研究了农村电子商务创业对消费不平等的影响。研究发现，农村电子商务创业有助于减轻农村内部消费不平等，从而为解决农村地区的消费不平等问题提供新的实证研究视角。

第 2 章　理论框架与文献综述

2.1　理论框架

2.1.1　创业理论

创业理论是经济学与管理学领域中的一个重要分支，它系统地探讨了创业活动的本质、过程、影响因素及对经济和社会发展的作用。该理论强调创业活动是推动经济增长、社会创新和社会变革的关键力量，通过深入分析创业者的行为、决策和环境因素，揭示创业成功的内在逻辑和外部条件。创业理论的核心在于说明创业活动的多元性和复杂性。它认为，创业不仅是新企业的创立，更是一个涉及创新、风险承担和机会识别的综合过程。创业者通过识别市场机会，利用自身资源和能力，创造出新的产品或服务，以满足市场需求并实现个人价值和社会价值。创业理论还关注创业过程中的各种影响因素，包括创业者的个人特质、市场环境、政策支持和社会文化等。这些因素相互作用，共同影响着创业活动的成败。例如，创业者的创新精神、风险承受能力和领导力等个人特质对创业成功至关重要；而市场需求的变化、竞争格局的演变及政策环境的支持程度等外部因素也对创业活动产生深远影响。此外，创业理论强调了创业活动对经济和社会发展的积极作用。创业不仅能够创造新的就业机会和新的经济增长点，还能够推动技术创新和产业升级，提升社会整体福祉。因此，创业被视为推动经济发展和社会进步的重要引擎。本章将从经济学的研究视角出发，系统而全面地阐述创业理论的核心要义及其在中国经济体制转型背景下的具体应用。

自 1978 年以来，中国的经济体制从计划经济体制转向社会主义市场经济体制。从 1992 年起，私营经济快速发展，成为中国经济高速增长的重要推动力。杨等（Yang et al.，2008）分析了 1980—2005 年 26 年间关于中国创业发展的研究，并形成了创业三阶段观点。第一阶段是创业初期阶段。在这个阶段，社会网络构建的非正式制度是促进创业的重要因素，为创业提供资本等要素。第二阶段是市场转型阶段。在这个阶段，创业者通过降低成本提高竞争力。第三阶段是创业后期阶段。在这个阶段，创新是企业保持长期健康发展的重要因素。无论是产品创新、服务创新还是管理创新，它们都是推动企业在成熟市场中不断成长的重要驱动力。进一步地，个体特征作为影响创业行为的重要因素，已受到学术界的广泛关注。现有文献深入探讨了人口统计学特征（如年龄、性别及教育背景）、认知能力、社会网络及金融知识等因素如何影响个体的创业决策与行为模式。在制度与文化维度，这些研究揭示了社会网络在缓解融资约束、促进创业活动中的积极作用。然而，随着正式制度的不断完善和市场机制的日益成熟，社会网络在这方面的作用逐渐减弱，这说明制度环境对创业行为的影响是动态变化的。此外，地区特征被证明是影响创业行为的重要因素。房价波动、数字普惠金融的发展水平等地域性特征，显著地影响着创业活动的活跃度与分布格局，这揭示了创业行为的空间异质性。在返乡创业的特定情境下，现有文献强调了农民工外出务工经历的重要性。这一经历不仅有助于农民工积累物质资本和人力资本，更为其返乡后开展创业活动提供了宝贵的经验支持与丰富的社会网络资源，从而为其成功创业奠定了坚实的基础。综上所述，创业理论在中国经济体制转型的大背景下，展现出丰富的内涵，为人们深入理解创业活动的本质与规律提供了多维度的视角。

2.1.2 产业集群理论

产业集群理论是研究产业集群形成原因、特征及作用机制的理论体系。它探讨的是企业为何会在某些地区聚集并形成产业集群，以及这种聚集会对经济社会发展产生何种影响。该理论包括集聚经济、专业化分工与协作，以及外部经济与规模经济。集聚经济是产业集群形成的重要驱动力。在产业集群内，企业可以共享劳动力、原材料和市场等资源，从而降低生产成本，提高生产效率和竞争力。这种资源共享带来的经济效应使得产业集群具有显著的成本优势和市场优势。专业化分工与协作是产业集群的重要特征。产业集群内的企业往往处在同一条产业链上，形成既竞争又合作的关系。这种专业化分工与协作促进了技术创新和信息交流，使得产业集群内的企业能够更快地适应市场变化，提升产品质量和创新能力。此外，产业集群的形成能够带来外部经济和规模经济。外部经济表现为产业集群内的企业通过溢出效应，共享技术、信息、人才等资源，从而实现共同发展和繁荣。规模经济则表现为随着产业集群规模的扩大，平均生产成本逐渐降低，产业集群的竞争力进一步增强。产业集群对经济发展具有重要意义。它不仅能够促进经济增长，提高区域整体竞争力，还能推动产业升级，促进技术创新和丰富创业活动。同时，产业集群能带动就业和创业，为当地社会经济发展注入新的活力。因此，深入研究产业集群理论对指导区域经济发展、推动产业升级和提升区域整体竞争力具有重要作用。

产业集群理论首先由马歇尔提出，他强调了地理集中对生产效率提升的重要性。随后大量经济学家对此进行了研究。产业集群理论认为，产业集聚具有如下三个方面的作用：首先，产业集聚有助于提升专业化程度。当电子商务产业在某地区形成集群时，该地区的企业就能更有效地利用、开发专门服务于电子商务发展的资源和服务。例如，物流、包装、摄影、网页设计、在线营销等专业服务的供应商会应运而生，形成完整的产业链，这不仅降低了单个企业的运营成本，也提高了整个集群的响应速度。同时，这种专业化分工促进了知识和技能的快速传播，使得集群内的企业能够更快地适应市场变化和技术进步。其次，产业集聚有助于形成专用性劳动力市场。随着电子商务企业逐渐集聚，特定的技能需求开始显现，如数据分析、网络营销、客户服务、直播销售等。这些技能需求的集中化促使当地劳动力市场向专业化方向发展，成为本地专用性劳动力市场。这一方面能吸引更多具备相关技能的人才迁入，增加劳动力供给；另一方面能激励教育机构和培训机构提供相应的课程和培训，以满足行业需求，从而进一步强化集群的专业化特征。最后，产业集聚有助于企业从其他公司的技术溢出中获得收益。在电子商务产业集群中，技术溢出效应尤为明显。企业间的紧密联系促进了技术创新理论和实践迅速传播。例如，一家公司开发出的高效库存管理系统或提出的有效营销策略，很可能被邻近的其他企业迅速采用和改进。

此外，电子商务活动本身产生的大量数据为数据挖掘和分析提供了肥沃的土壤，有助于企业预测市场趋势和消费者偏好，从而优化产品和服务。根据产业集群理论，电子商务创业导致的产业集聚可以带来外部规模经济，即形成信息外溢效应、共享中间品及提供本地专用性劳动力市场。原因如下：首先，电子商务创业导致的产业集聚有利于电子商务知识、销售知识及直播知识在家庭间传播和应用；其次，电子商务创业导致的产业集聚有助于该产业专用的中间投入品的生产，从而降低生产成本；最后，电子商务创业导致的产业集聚汇集了专用性劳动力，不仅有助于降低农民工的失业率，而且有助于增加电子商务企业的劳动力供给。综上所述，电子商务创业引发的产业集聚能够带来显著的外部规模经济。相互学习、资源共享、成本节约、技能传播和知识累积的共同作用，使得集群内的企业能够以较低的成本和较高的效率进行生产和服务。产业积聚不仅使集群内的企业增强了竞争力，还能吸引更多的上下游企业加入，从而巩固和扩大自身优势，形成良性循环。

2.1.3 人口流动理论

人口流动理论是发展经济学中最重要的理论之一。人口流动理论是人口学、社会学及经济学等多个学科领域共同关注的重要议题，它系统地分析了人口在地理空间上的移动现象、动因、影响及后果。人口流动的动因复杂多样，涉及经济、社会、文化及制度等多个层面。其中，“推拉理论”

是解释人口流动现象的经典理论。该理论认为，流入地的有利因素（如更好的就业机会、更高的收入水平、更优质的教育医疗资源等）构成拉力，吸引人口流入；而流出地的不利因素（如经济落后、资源匮乏、环境恶劣等）则形成推力，促使人口迁出。此外，中间障碍因素（如远距离、语言文化差异等）也在人口流动中发挥着重要作用。人口流动对经济社会发展产生了深远影响。从劳动力市场角度看，人口流动促进了劳动力资源的优化配置，提高了劳动生产率和经济效益。同时，流动人口的增加使城市更具多样性和活力，加速了城镇化和现代化进程。然而，人口流动也带来了一系列挑战，如农业转移人口难以融入城市社会、城市管理压力增大、公共服务资源紧张等。

刘易斯提出了以城乡二元经济结构为特征的剩余劳动力无限供给模型（Lewis，1954）。城乡二元经济结构理论认为，发展中国家的农村中存在边际生产率为零的剩余劳动力，当城市的收入高于农村的收入时，农村剩余劳动力就会流入城市，直到全部流入城市为止，这个过程会促进经济发展。

近年来，学术界从两个关键维度对经典人口流动理论进行了深化与拓展。首先，研究视野得到极大的拓宽。学者不再局限于关注城乡收入回报率的差异这一单一驱动力，而是更加全面地考量了家庭福利水平、社会保障条件、个人职业发展预期等多重因素对人口流动的影响，从而构建了更为复杂、更多维度的理论框架。其次，针对经典人口流动理论中的某些假设，学者进行了修订与完善，以增强其解释力，使其更加贴近现实世界。本书的研究认为，一方面，城镇产业转型升级，对低技能劳动力的需求逐步降低；另一方面，乡镇企业的衰落，非农就业机会的缩减，以及农业机械化程度的不断提升，使得农村地区对农业劳动力的需求大幅减小，这进一步突显了农村剩余劳动力问题。在此背景下，鼓励并支持农民工返乡创业，成为激发农村经济活力、促进本地非农就业的重要途径。实施返乡创业政策，不仅有助于电子商务等新业态扎根农村，还为农村地区引入了更多的市场主体。这些新生力量将有效吸纳农村剩余劳动力，创造出大量就业岗位，进而带动农村居民实现本地非农就业，显著提升农村家庭的工资性收入。这一策略为农村的多元化发展与社会的全面进步指出了新路径。

2.1.4 数字经济理论

本书涉及的重要理论还有数字经济理论。数字经济是指将数字化的知识和信息作为关键生产要素，以现代信息网络为重要载体，以信息通信技术的有效使用为效率提升和经济结构优化的重要推动力的一系列经济活动。这一概念涵盖了大数据、云计算、物联网、区块链、人工智能、第五代移动通信技术（5G）等新兴技术，以及“新零售”“新制造”等多个领域。数字经济不仅限于虚拟经济，它是“数字产业化”与“产业数字化”的有机结合。数字经济的核心在于通过数据计算来引导资源优化配置，从而推动生产力的发展。根据2016年发布的《二十国集团数字经济发展与合作倡议》，笔者可对数字经济作如下定义：数字经济是指通过数字化技术来提高效率和推动经济结构优化的一系列经济活动①。数字经济理论建立在多个经济学分支的基础上，包括但不限于信息经济学和网络经济学。

数字经济理论是当代经济学研究中的一个重要领域，其主要用于探讨数字技术在经济活动中的作用和影响。数字经济的发展基础在于信息技术的快速进步及广泛应用，尤其是大数据、云计算和人工智能等技术的普及。数字经济的发展不仅改变了传统的经济活动方式，还催生了新的经济模式和商业实践。首先，数字经济通过降低信息成本和交易成本提高市场效率。信息技术的进步使得信息的获取、传递和处理变得更加迅速和便捷，这在极大程度上减少了信息不对称和市场摩擦。数字平台的兴起，如本书关注的电子商务平台和社交媒体，不仅拓展了市场的覆盖范围，还使得供需双方能够更加高效地进行交易和互动。其次，数字经济促进了创新和创业。数字技术为企业和个人提供了新的工具和资源，使得创新变得更加容易。尤其是互联网的开放性和共享性，为初创企业提供了低成本进入市场的机会。再次，大数据和人工智能等技术的应用，使得企业能够更好

---

① 相关定义详见 http://www.g20chn.org/hywj/dncgwj/201609/t20160920_3474.html。

地掌握市场需求和消费者行为，从而更加精准地进行产品、服务的开发和营销。最后，数字经济改变了劳动市场和就业结构。人工智能的应用，虽然在某些领域替代了传统的劳动力，但也创造了大量新型就业岗位，如数据分析、网络安全防护和数字营销等。同时，数字经济推动了灵活就业模式的发展，使得自由职业者大量出现，这在一定程度上提升了劳动力市场的灵活性和包容性。

然而，数字经济的发展也带来了一些挑战。首先，数字经济的发展带来了数字鸿沟问题，即不同地区、不同群体在数字技术的获取和使用方面存在显著差异，这可能加剧社会不平等。其次，数字经济的发展带来了隐私泄漏风险和网络安全风险增大的问题。随着数字技术的广泛应用，隐私泄漏风险和网络安全风险随之增加。

数字经济理论主要研究数字技术如何通过降低中间交易成本来影响经济活动（Goldfarb et al.，2019）。戈德法布等（Goldfarb et al.，2019）对数字经济领域的基础理论和实证研究进行了总结，认为数字经济主要讨论了如下问题：

①搜寻成本的降低是否会影响线上价格、产品价格离散程度及商品种类。有学者在保险市场、汽车市场及航空市场等市场中发现，线上价格显著低于线下价格。同时，理论分析表明，搜寻成本的降低会导致产品价格离散程度降低（孙浦阳 等，2017）。在关于搜寻成本如何影响消费者的福利方面，有文献发现，搜寻成本的降低增加了消费者购买的商品种类（商品更加多样化），有助于为消费者匹配到其偏好的商品，进而有利于提高消费者的福利水平。

②数字技术的发展引起的交通成本降低如何影响企业和消费者的经济行为。有研究表明，数字技术的广泛应用显著降低了交通成本，突破了地理位置和距离对经济活动的限制，促进了地区经济的发展和小微电子商务企业的成长。

③数字技术的发展能否降低边际成本。有文献表明，由于信息在网络上复制、传输的成本极低，几乎可以忽略不计，因此数字技术的发展极大

地促进了生产和消费等经济活动的高效开展。

在数字经济理论不断深化的基础上，近年来，越来越多的学者开始探索数字贸易理论。数字贸易是指传统贸易与数字技术相结合而形成的一种新型贸易形态。其中，电子商务是典型代表。数字贸易的本质在于通过减少信息不对称，有效匹配供给与需求，从而提高贸易效率。数字技术平台作为经济主体交换的中介，能够显著降低市场主体的匹配成本，提高交易效率，推动价格透明化，进而完善市场机制，实现市场的深度整合。例如，电子商务发展推动了物流基础设施建设，降低了商品运输成本和交易时间成本，而电子商务平台则显著提高了消费者和商家之间的匹配效率。

2.2 文献综述

首先，笔者将梳理与返乡创业、农村劳动力就业及农村电子商务发展相关的文献，以明确本书在这些研究领域的边际贡献；其次，笔者将梳理与本书研究内容相近的，有关返乡创业、农村劳动力就业、农村电子商务发展对经济产生影响的文献；最后，笔者将对上述文献进行评述和总结，从而指出本书在相关研究中的地位和作用。

2.2.1 创业相关研究

2.2.1.1 创业的影响因素研究

创业是一个国家实现科技不断创新和经济长期增长的引擎。已有大量文献对创业的影响因素进行了深入研究，主要从企业家个体特征、制度与文化及地区特征等方面考察了创业行为。

在个体特征方面，已有文献主要关注了人口统计学特征（如年龄、性别及教育背景）、认知能力、家庭社会网络、金融知识等因素对创业行为的影响。刘鹏程等（2013）利用全球创业观察数据进行分析，发现女性的生存型创业概率更高而机会型创业概率更低；相反，男性的机会型创业概率更高而生存型创业概率更低。进一步的研究发现，在机会型创业中，性别差异较为显著；而在生存型创业中，性别差异不显著。尹志超等（2015）利用2013年的中国家庭金融调查数据开展研究，发现家庭金融知识水平的提高显著促进了家庭参与创业活动。成等（Cheng et al.，2021）将《中华人民共和国义务教育法》在1986年的实施作为准自然实验，发现教育水平的提升显著促进了创业。机制分析发现，教育通过影响风险偏好来影响家庭创业行为。

在制度与文化方面，已有研究发现，社会网络有助于缓解融资约束，进而促进创业。但随着正式制度的不断完善，社会网络的作用逐步减小。在社会转型时期，经济体的相关正式制度还不健全，因此现有研究主要从文化等非正式制度的角度出发进行探讨（He et al.，2018）。例如，马光荣等（2011）利用中国农村金融调查于2009年采集的1 951户家庭数据进行研究，发现农户的社会网络通过提供借款渠道来促进农村家庭创业。张（Zhang，2020）发现，宗族通过减小民营企业的融资约束来促进创业，但他同时发现，宗族对民营企业的支持是有限的，且支持程度会随正式制度的完善而降低。陈刚（2015）使用中国综合社会调查数据进行分析，发现政府管制显著降低了个人创业的概率。李宏彬等（2009）利用1983—2003年省级面板数据开展实证研究，发现企业家创业显著促进了地区经济增长。周（Zhou，2014）的研究发现，区域制度的出台越来越有利于创业活动的开展。魏等（Wei et al.，2019）发现，移民如果能够流利地讲迁入地的方言，那么这将有助于其顺利创业。

在地区特征方面，已有文献发现房价、数字普惠金融的发展等因素显著影响了地区创业行为。例如，吴晓瑜等（2014）使用2005年的全国人口抽样调查数据和2010年的中国家庭追踪调查数据进行研究，发现城市房价上涨显著降低了家庭创业概率。谢绚丽等（2018）利用2012—2016年的省级层面数据开展研究，发现数字普惠金融指数与地区企业注册数量显著正相关。孔等（Kong et al.，2021）利用2006—2016年的县域数据进行分析，发现最低工资上涨显著降低了创业水平。马等（Ma et al.，2021）

通过分析中国家庭追踪调查于2010—2018年连续追访的家庭样本，发现高铁建设显著促进了家庭创业行为，且市场潜能的激发是主要作用机制。

但现有研究主要聚焦于考察城市地区的创业行为，而对县域地区的创业行为，乃至返乡创业行为较少涉及（周广肃 等，2017）。本书主要关注返乡创业行为，因此接下来将从返乡创业的视角对文献进行综述。

2.2.1.2　返乡创业的影响因素研究

在关于返乡创业的研究方面，一部分文献发现，农民工外出务工能够积累物质资本和人力资本，从而有助于其返乡创业。近年来，在城镇化快速发展的背景下，已有文献关注到农民工的外出务工经历对返乡创业的影响，发现外出务工有助于农民工积累物质资本和人力资本，进而促进其返乡创业（Démurger et al.，2011；周广肃 等，2017；杨子砚 等，2020；孙武军等，2021）。孙武军等（2021）利用2019年对2 139家企业进行调查的数据进行研究，发现外出创业经历能够提升返乡创业的经营绩效。此外，有文献发现，返乡创业促进了县域地区的经济发展。黄祖辉等（2022）利用2011—2018年的县域统计年鉴数据进行分析，发现政府部门支持的返乡创业政策的实施显著促进了县域地区的经济发展。王西玉等（2003）利用136个村的1 784份数据开展研究，发现人力资本的提升、工资性收入的增加及市场信息和销售资源的积累是返乡创业的重要条件。

与上述研究的视角不同，另一部分文献从国际人口流动的视角研究知识溢出效应对创新创业的影响。例如，赖特等（Wright et al.，2008）发现，海外学习和生活经历有助于促进个体创业。刘等（Liu et al.，2009）发现，海外学习和跨国企业的员工流动对本国企业产生显著的知识溢出效应，对促进本国企业创新具有重要作用。

总体而言，上述关于返乡创业的文献较少从劳动力城乡流动的视角进行分析，且主要基于部分地区样本进行探讨，这可能带来研究结论的外部有效性问题。与现有文献不同，本书基于全国县域样本数据进行分析，从技能扩散的视角对相关影响机制进行探讨，从而丰富了关于返乡创业的研究。

2.2.2 农村劳动力就业研究

2.2.2.1 数字经济与就业的相关研究

按照联合国贸易和发展会（UNCTAD）对数字经济的定义，数字经济拥有窄口径和宽口径两种衡量标准。在窄口径下，数字经济即数字产业化，主要指信息技术行业及平台提供的数字服务；而在宽口径下，数字经济既包含数字产业化，又包含产业数字化。目前，探讨数字经济对劳动力就业的影响是学术界的研究热点。

一部分文献关注了互联网发展与整体就业提升的关系，但结论存在一定的争议。早期的研究发现，宽带等基础设施的建设促进了就业（Koutroumpis，2019），这可能得益于互联网发展初期的增量效应。然而，库恩等（Kuhn et al.，2004）发现，互联网搜寻并没有带来失业持续时间的缩短，但他们（Kuhn et al.，2014）后来根据最新数据推翻了这一结论，认为互联网的普及和技术的进步减少了搜寻摩擦，能使在网上找工作的失业者将再就业速度提升约25%。近期的研究对这一问题仍未形成一致的结论，具体表现如下：巴斯克斯等（Vazquez et al.，2019）基于欧洲“电信改革”的冲击进行研究，发现在依赖信息和通信技术的行业，总就业人数、兼职人数和居家工作人数都出现了较快增长；左（Zuo，2021）基于美国的统计数据发现，接入宽带可以显著提升低收入群体的就业概率，原因在于宽带的接入能为就业信息的获取及技能的提升提供便利；有学者发现，德国的宽带接入提高了男性的再就业率（Gürtzgen，2021）；陆等（Lu et al.，2020）则基于中国的数据进行分析，发现信息和通信技术（ICT）项目的开展显著提高了学生在劳动力市场的工资及获得工作机会的可能性，这得益于学生越来越多地通过互联网寻找工作。科尔克（Kolko，2012）虽然证实了宽带的普及对区域经济增长的促进作用，却没有发现宽带的使用会在一定程度上影响就业率和平均工资，这与切尔尼等（Czernich et al.，2014）和伯勒等（Briglaueret al.，2019）基于德国数据的分析结论一致。

随着互联网在发达国家、城市和地区逐渐普及，另一部分文献转而研究宽带的接入对发展中国家的农村、落后地区的影响。约尔特等（Hjort et al.，2019）研究了海底光缆的接通对非洲就业的影响，发现其对就业率的提升具有巨大的积极作用；莱德曼（Lederman et al.，2022）则发现，数字支付和失业率间的负相关性在低收入经济体中更为显著。

在国内，关于数字基础设施和互联网影响农村劳动力就业的研究也受到较多关注。有学者认为，宽带的接入能够有效提高农村劳动力选择非农就业的概率（李卓 等，2021），促进农村劳动力从自雇型就业转向受雇型就业（张卫东 等，2021），并导致非正规就业的比例下降（宋林 等，2020）。田鸽等（2022）则从数字经济的广义概念出发，认为以数字金融为代表的消费互联网和以智能化为代表的工业互联网，在技能方面对农村劳动力的非农就业流向产生异质性影响，从而形成社会分工。

数字技术的偏向性特征使得其对劳动力的性别、年龄、受教育程度和技能水平等的异质性影响逐步显现。毛宇飞等（2017）发现，通过互联网获取信息有助于促进女性就业，尤其是受雇型就业和非农就业（潘明明等，2021）。杰恩（Jain，2021）发现，信息和通信技术（ICT）的采用对女性劳动参与率的提升有积极作用，但这种提升仅针对高技能水平的女性劳动力，该结论与维欧拉等（Viollaz et al.，2022）的研究结论相似。后者发现，受教育程度更高的女性能获益更多。吕明阳等（2020）则发现，互联网的使用能够促进社会互动、改善居民健康状况，进而促进老年人就业。陈等（Chen et al.，2020）也发现，互联网的普及对受过教育的工人的工资提升起到较大作用。

有文献进一步研究了就业质量问题。例如，戚聿东等（2020）认为，数字生活使得人们能够通过积累社会资本和人力资本来提升就业概率；而毛宇飞等（2019）发现，相比社交、学习和娱乐，互联网的使用更有利于促进标准就业。随着互联网普及率的不断提高，劳动者的工作稳定性、社会保障程度和收入都有所提升。柏培文等（2021）则研究了数字经济发展和人口红利优势减弱的双重背景下中低技能劳动者的权益问题，发现数字经济发展带来的低技能劳动力替代效应强于人口红利优势减弱带来的低技能劳动力短缺效应。

数字经济的发展属于广义的技术进步，尤其是在进入工业互联网发展阶段后，智能化和自动化作为一种偏向型技术进步，会对劳动力配置产生异质性效应（Brynjolfsson et al., 2017）。总体来看，数字技术的进步可能对劳动力就业产生破坏效应、创造效应和极化效应。破坏效应指许多工作岗位因数字技术的进步而消失，基于美国、日本、加拿大等国的研究证实了这一观点。创造效应指数字技术的进步带来效率提升，引致产业规模扩大和产品需求增加，从而增强市场对劳动力的需求效应（Acemoglu et al., 2018; Autor et al., 2018）。数字经济时代创造了多元化的工种和岗位（Furman et al., 2019），并涌现出诸多就业新形态（李海舰 等，2020）。极化效应指数字技术的进步对普通技能人员产生的替代效应最为显著，而对高技能群体和低技能群体产生的需求效应有所提升。奥托等（Autor et al., 2018）探讨了原因，认为高技能群体和低技能群体分别承担的抽象任务和手工任务是难以通过数字技术完成的。

2.2.2.2 农村劳动力就业结构的相关研究

上述内容从数字经济的角度对劳动力就业的相关研究进行了梳理，接下来笔者将聚焦农村劳动力就业结构。早期有关农村劳动力的文献主要基于农村劳动力就业结构进行研究。例如，张晓辉（1999）利用1995—1998年的全国农村固定观察点数据，详细分析了农村劳动力就业结构，依据农业和非农业的标准，将劳动力划分为纯农业劳动力、兼业劳动力及非农业劳动力，并发现纯农业劳动力和兼业劳动力的比重均在逐渐下降，而非农业劳动力的比重在缓慢上升。张务伟等（2011）利用2010年的调查数据进行分析，发现人力资本因素对农村劳动力的就业状况有较大影响。秦雪征等（2014）发现，新型农村合作医疗保险的推广显著提升了农民工的返乡意愿。

2.2.2.3 互联网对农村劳动力就业的影响

关于互联网对农村劳动力就业的影响，已有研究发现，互联网的普及有助于促进农村居民非农就业，其主要作用机制是信息化建设降低了信息搜寻成本。农村劳动力往往面临较高的信息搜寻成本，而信息不通畅则是制约农村劳动力就业的重要因素，因此要促进农村劳动力就业，就必须降低信息搜寻成本。例如，库恩等（Kuhn et al.，2014）使用2005—2008年的调查数据进行研究，发现失业者通过互联网找到工作的速度比不通过互联网找到工作的速度快25%。农村电子商务发展也对农村劳动力就业具有重要作用，如农村电子商务发展可以提供创业平台，从而推动纯农业劳动力向非农业劳动力转变。然而，目前关于农村电子商务发展影响农村劳动力配置的研究还较为匮乏。

此外，有学者在上述文献的基础上，进一步探讨了年龄和性别对农村劳动力就业的异质性影响，发现互联网的普及对年轻创业者及女性创业者的作用更大。例如，信息技术的使用具有技能偏向性（Akerman et al.，2015），即年轻劳动力能够掌握信息技术的使用技能，而年长劳动力对信息技术的使用存在障碍，因此农村电子商务服务点的建设对农村家庭消费具有重要的促进作用（王奇 等，2022）。从性别角度看，电子商务平台的打造降低了女性创业的成本，因此电子商务发展对女性就业的影响可能更大（宋林 等，2020）。

在互联网对其他发展中国家劳动力市场的影响方面，相关研究发现，高速互联网接入显著提升了就业率。例如，约尔特等（Hjort et al.，2019）利用沿海地区逐步接入海底互联网电缆所形成的外生变化，基于涉及非洲12个国家和地区的3个数据库，使用双重差分法估计了高速互联网接入的作用，发现高速互联网接入对就业率的提升产生正向影响。这一结果主要是高技能群体的就业增加导致的。利用企业数据的进一步研究发现，高速互联网接入使得企业进入、生产力提升及出口增加，从而创造更多的就业机会。而查瓦等（Chava et al.，2022）基于美国的数据，利用双重差分法进行分析，发现电子商务发展显著降低了实体零售业工人的收入。

2.2.2.4 电子商务创业对就业的影响

电子商务作为一种依托互联网销售商品和服务的经营活动，能够助推传统产业进行数字化转型（许宪春 等，2020），是数字经济的重要表现形式（Heeks et al.，2018）。因此，在经济效应的评估方面，电子商务与数字经济有较多共同特点。

在对生产率和宏观经济增长的探讨方面，已有研究基本证实了电子商务发展对发达国家（Jo et al.，2019）和发展中国家的显著正向影响（王奇等，2021）。这表明，发达国家的自发驱动型电子商务发展模式和发展中国家的政策推动型电子商务发展模式均具有积极作用。

在电子商务发展对劳动力市场的影响方面，现有文献主要探讨了电子商务发展对创新创业和收入分配的作用。在创新创业方面，一部分文献使用阿里研究院的电子商务发展指数，匹配地区企业创立数据和个体工商户创立数据，研究电子商务发展带来的市场变革如何影响创业，结果发现电子商务发展对创业产生显著的促进效应；另一部分文献则主要关注在位企业的绩效问题，发现电子商务平台的使用缓解了企业的融资约束（赵岳等，2012），促进了企业扩大出口（岳云嵩 等，2018），使得企业实现了技术创新和竞争力提升（陈维涛 等，2019）。在收入分配方面，由于以“农村淘宝”为代表的农村电子商务平台快速增加，因此，近年来探讨农村电子商务发展促进农户增收致富的文献较多（曾亿武 等，2018；唐跃桓等，2020；邱子迅 等，2021；Qin et al.，2022；秦芳 等，2022）。但库蒂尔等（Couture et al.，2021）得出了与前述文献不一致的结论，认为在“农村淘宝”发展初期开展的千县万村计划主要促进了农户消费，而对农户收入的提升没有产生明显影响。这体现出在政策推广初期，工业品下乡的消费偏向性（秦芳 等，2022）。

然而，不同于数字经济发展影响就业的研究已较为丰富，现有关于电子商务发展影响就业的文献还较为匮乏。

一部分文献关注了农村电子商务发展中的结构转型效应，发现农村电子商务发展促进了农户非农就业（秦芳 等，2022）和多重就业（兼业）（陈瑛 等，2021），这是农村电子商务发展拓宽农户收入渠道、提升农户收入水平的主要路径；同时，销售农产品的农村电子商务企业的就业质量会受到当地经济社会发展水平的影响；邱子迅等（2021）进一步分析后发现，农村电子商务发展促进了高收入农户创业和低收入农户就业，实现了有效分工，但由于微观层面的证据缺乏，因此他们未对此进行更加细致的探讨。

另一部分文献主要关注了电子商务发展对线下零售业的影响。电子商务发展使得互联网商家迅速增多。这是因为，利用互联网创业能够减少交易费用，降低综合成本，且虚拟店铺比实体店铺拥有更高的交易效率。但是，有关电子商务发展冲击线下零售业的实证研究一直较为缺乏。查瓦等（Chava et al.，2022）补充了这方面的文献，利用美国百万级实体门店的零售人员数据进行分析，发现电子商务中心的进入使得附近商店的就业人数下降了2.1%，平均每个县的零售部门在每季度减少了938个工作岗位，且邻近县的线下零售人员的收入降低了2.4%。这一结论在一定程度上证明了电子商务发展对线下零售业的冲击效应。事实上，从长期来看，线下零售业在美国经济活动中所占的市场份额和就业比重一直在下降。但即便如此，霍达斯库等（Hortaçsu et al.，2015）依旧认为，电子商务在美国线下零售业中居主导地位的时代尚未到来；他们反而发现，超级商场在重塑线下零售业中起到较大作用。

2.2.3 农村电子商务发展的农村家庭福利效应研究

提升家庭收入和消费是改善家庭福利的重要路径，因此本书进一步研究了农村电子商务发展对农村家庭福利的影响。这部分主要包括两个方面的内容：第一，农村电子商务发展对农村家庭收入及收入不平等的影响；第二，农村电子商务发展对农村家庭消费及消费不平等的影响。

2.2.3.1 农村电子商务发展对农村家庭收入及收入不平等的影响

如何促进农户增收及减轻农户收入不平等，是政策制定者和学术研究者关心的重要问题。已有研究发现，农村公共服务完善、人力资本积累、信贷配置、技术转移等是提高农户收入的关键因素。然而，近年来关于农村电子商务发展如何影响农村家庭收入及收入不平等的研究较少。值得注意的是，库蒂尔等（Couture et al.，2021）利用8个县、100个村庄进行随机实验，发现淘宝平台的打造几乎没有促进农户收入增长。郭等（Guo et al.，2022）利用1995年、2002年和2007年的中国收入分配调查数据，分析了县域地区的产业集聚对农村家庭收入及收入不平等的影响，发现产业集聚显著增加了农村家庭收入并减轻了收入不平等。刘生龙等（2021）使用2010年、2014年和2018年的中国家庭追踪调查数据进行研究，发现农村居民的互联网使用频率与其家庭收入显著正相关。

电子商务平台能够连接买卖双方，降低交易成本，提高匹配效率，从而促进经济发展。在这一前提下，已有文献研究了农村电子商务发展对地区经济增长的影响。例如，王奇等（2021）基于县域数据，结合财政部等部门开展的电子商务进农村综合示范工作，详细评估了农村电子商务示范县对地区经济增长的影响，并利用距离数据计算了县域市场潜能，发现农村电子商务示范县通过降低贸易成本促进了地区经济发展。与该研究不同，本书将利用政府部门自2016年以来开展的返乡创业试点工作情况，基于对行政村的调查数据，具体研究农村电子商务发展对农村家庭收入及收入不平等的影响。

2.2.3.2 农村电子商务发展对农村家庭消费及消费不平等的影响

实现充分就业和收入增长是刺激农村家庭消费的根本途径。已有研究主要探讨如何促进农户增收及如何释放农村家庭消费潜力。例如，有研究发现，互联网的使用频率与农村家庭收入显著正相关，并刺激了农村家庭消费（刘根荣，2017；祝仲坤，2020）。也有研究发现，数字普惠金融的发展显著提升了家庭收入与家庭消费水平（易行健 等，2018；张勋 等，2020）。

在电子商务的消费效应方面，已有研究主要关注了电子商务是否降低了距离带来的贸易成本。已有文献的研究表明，电子商务为消费者提供了更低的价格并增加了消费者剩余。但这些研究主要考察的是发达国家的情况，而对发展中国家，尤其是我国的相关情况关注较少。例如，布林约尔松等（Brynjolfsson et al.，2003）利用美国的数据进行分析，发现在线书店产品种类的增加使消费在 2000 年增加了 7.31 亿美元，达到 10.3 亿美元。樊等（Fan et al.，2018）通过多区域一般均衡模型量化了淘宝平台对家庭消费的影响，发现电子商务发展对偏远地区消费者的福利影响更大，能够减轻消费不平等。

近年来，部分研究基于贸易成本的角度研究了农村电子商务发展对农村家庭收入、农村家庭消费等方面的福利效应。例如，王奇等（2022）利用 2019 年的中国家庭金融调查数据，研究了建设农村电子商务服务点对农村家庭线上消费的影响，发现农村电子商务服务点的建设通过减少交易障碍和降低贸易成本两个渠道显著促进了农村家庭线上消费。但由于数据的局限性，因此文献无法进一步细致地探讨农村家庭消费结构的变化，如农村电子商务服务对农村家庭线上消费和线下消费的影响。

2.3 核心概念界定

由于不同的研究者在探讨返乡创业的经济效应时，是从不同的研究目标和研究视角出发的，且对返乡创业的经济效应存在理解上的差异，因此笔者在开展研究前需要对核心概念进行界定。具体而言，本书将从宏观县域电子商务创业和微观家庭福利两个方面研究返乡电子商务创业所带来的经济影响。在宏观方面，本书将聚焦返乡创业政策的实施对县域电子商务创业的影响，系统评估在“十三五”期间，政府部门开展的大规模返乡创业试点的实际效果，为政策评估和优化提供量化体系。在微观方面，本书将在现有研究的基础上，进一步考察农村电子商务创业对农村居民本地就业及农村家庭消费不平等的影响，从而系统评估农村电子商务创业产生的经济效应。核心概念界定如下：

2.3.1 经济效应

本书主要研究乡村振兴战略背景下农村电子商务创业的经济效应。经济效应在本书中主要指县域电子商务创业水平、农村电子商务创业对本地劳动力市场的影响、农村电子商务发展对农村家庭消费及消费不平等的影响。其中，农村电子商务创业对本地劳动力市场的影响部分主要关注农村电子商务发展对农村居民本地就业、农村家庭收入的影响。因此，本书关注的经济效应涵盖了创业、就业、收入和消费等方面的内容。

2.3.2 政府部门支持的返乡创业政策

政府部门支持的返乡创业政策指2015年6月发布的《国务院办公厅关于支持农民工等人员返乡创业的意见》（国办发〔2015〕47号）。基于该政策，国家发展和改革委员会会同有关部门于2016年2月、2016年12月及2017年10月分别在不同县域进行了返乡创业试点。主要试点内容为培育发展返乡创业产业集群、招商引资、发展电子商务产业及加强返乡创业人才培训等。

2.3.3 农村电子商务

根据《“十四五”电子商务发展规划》（商电发〔2021〕191号），电子商务指通过互联网等信息网络平台销售商品或提供服务的经营活动，是数字经济和实体经济的重要组成部分，是催生数字产业化和产业数字化、推进治理数字化的重要引擎，是提升人民生活品质的重要方式，是推动国民经济和社会发展的重要力量。电子商务是数字经济中规模最大、表现最活跃、发展势头最好的新业态，也是畅通国内大循环、促进国内国际双循环的重要动能。对于农村电子商务，本书主要关注如下两个方面的内容：

第一，县域电子商务企业注册数量。该数据用于研究返乡创业政策的实施对县域电子商务企业注册数量的影响。笔者从中国工商企业注册数据库中提取县域层面的电子商务企业注册数据，形成2000—2019年县域电子商务企业注册数据集。

第二，行政村开展电子商务经营活动的家庭数量。该数据从西南财经大学中国家庭金融调查搜集的行政村问卷中获得，用于研究农村电子商务发展对农村居民本地就业的影响。

2.3.4 农村劳动力就业

本书关注的农村劳动力就业主要指农村居民本地就业，即农村劳动力就地就业。以创业带动就业，是促进农村劳动力就业的一项重要措施。因此，本书在考察农村电子商务创业的基础上进一步探讨了农村电子商务企业的创立对就近就业所起到的带动作用。

2.3.5 农村家庭福利

家庭消费和家庭收入是衡量家庭福利的重要指标。因此，本书关注的农村家庭福利主要包括农村家庭消费水平、农村家庭消费结构、农村家庭收入水平及农村家庭收入不平等。在本书中，笔者研究了农村电子商务发展对农村家庭福利的影响。

第 3 章 制度背景

3.1 乡村振兴战略

2018 年 9 月，中共中央、国务院印发了《乡村振兴战略规划（2018—2022 年）》，指出实施乡村振兴是建设现代化经济体系的重要基础。实施乡村振兴战略的总要求是产业兴旺、生态宜居、乡风文明、治理有效、生活富裕。其中，产业兴旺是重点，生活富裕是根本。本书的研究就主要围绕产业兴旺、生活富裕两方面的内容展开。

本书在乡村振兴战略背景下，一方面从产业兴旺的角度，以农村电子商务产业为基础，利用返乡创业试点研究了地区创业政策的出台对农村电子商务创业的影响；另一方面，从生活富裕的角度，研究了农村电子商务发展对农村居民收入、城乡收入差距的影响。

3.2 返乡创业政策

2015 年 6 月，国务院办公厅发布了《国务院办公厅关于支持农民工等人员返乡创业的意见》（以下简称《意见》），明确支持农民工、大学生和退役士兵等人员返乡创业。《意见》旨在加快农村产业发展，使其创造更多就地就业机会，进而提高农村居民的收入水平。《意见》明确指出：

继续深化和扩大电子商务进农村综合示范县工作，推动信息入户，引导和鼓励电子商务交易平台渠道下沉，带动返乡人员依托平台和经营网络创业。

2015 年 11 月，农业部、国家发展和改革委员会等六部门联合发布了《关于实施开发农业农村资源支持农民工等人员返乡创业行动计划的通知》，明确提出：积极发挥农民工等返乡人员在创业创新中的生力军作用，促进农业提质增效、农民增收致富、农村繁荣稳定和稳增长、调结构、惠民生。

根据中国政府网的数据，笔者统计了 2015—2019 年的返乡创业人员数量。如图 3-1 所示，2015—2019 年的返乡创业人员数量分别为 242 万人、450 万人、536. 5 万人、740 万人及 850 万人。从上述数据中我们可以发现，在一系列返乡创业政策实施后，返乡创业人员数量快速增加。笔者对鼓励返乡创业的相关政策进行了梳理，具体情况如表 3-1 所示。

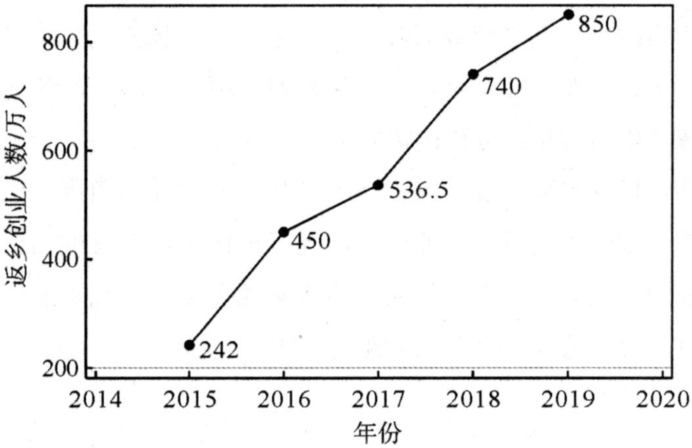

图 3-1　2015—2019 年的返乡创业人员数量

数据来源：中国政府网。

表 3-1　鼓励返乡创业的相关政策

时间	政策名称	主要内容
2015 年 11 月	《关于结合新型城镇化开展支持农民工等人员返乡创业试点工作的通知》（发改就业〔2015〕2811 号）	结合新型城镇化支持农民工返乡创业
2015 年 7 月	《国务院办公厅关于支持农民工等人员返乡创业的意见》（国办发〔2015〕47 号）	通过产业转移、一二三产业融合发展带动返乡创业
2016 年 2 月	《关于同意河北省威县等 90 个县（市、区）结合新型城镇化开展支持农民工等人员返乡创业试点的通知》（发改就业〔2016〕395 号）	公布第一批结合新型城镇化开展支持农民工等人员返乡创业试点地区名单，积极探索优化鼓励返乡创业的体制机制环境
2016 年 12 月	《关于同意河北省阜城县等 116 个县（市、区）结合新型城镇化开展支持农民工等人员返乡创业试点的通知》（发改就业〔2016〕2640 号）	公布第二批结合新型城镇化开展支持农民工等人员返乡创业试点地区名单，加快发展农村电子商务，培育特色产业集群
2017 年 10 月	《关于同意河北省大名县等 135 个县（市、区）结合新型城镇化开展支持农民工等人员返乡创业试点的通知》（发改就业〔2017〕1848 号）	公布第三批结合新型城镇化开展支持农民工等人员返乡创业试点地区名单，优化返乡创业体制机制环境，打造良好创业生态系统

3.3　农村电子商务发展

电子商务能够连接线上线下、衔接供需两端、对接国内国外市场，有助于推动数字经济高质量发展和助力实现共同富裕。影响农村电子商务发展的主要因素包括人力资本积累、物流基础设施建设、营商环境打造及政府部门的政策支持。自党的十八大召开以来，我国政府出台了一系列政策，支持农村电子商务发展。例如，2014 年，财政部、商务部联合印发《关于开展电子商务进农村综合示范的通知》（财办建〔2014〕41 号），共同开展电子商务进农村综合示范工作，旨在打通农村电子商务“最后一公里”。电子商务进农村综合示范县创建工作于2014年启动，对县、乡、村三级物流基础设施进行了建设与完善，为农民工返乡创业提供了条件。2016年12月31日，中共中央、国务院发布了《关于深入推进农业供给侧结构性改革 加快培育农村农业发展新动能的若干意见》，提出“深入实施电子商务进农村综合示范”。2018年的中央“一号文件”，即《关于实施乡村振兴的意见》明确提出，要“实施数字乡村战略”，“大力建设具有广泛性的促进农村电子商务发展的基础设施，鼓励支持各类市场主体创新发展基于互联网的新型农业产业模式，深入实施电子商务进农村综合示范，加快推进农村流通现代化”。2019年，中共中央办公厅、国务院办公厅印发《数字乡村发展战略纲要》，农业农村部、中央网络安全和信息化委员会办公室印发《数字农业农村发展规划（2019—2025年）》，这些政策的出台进一步促进了农村电子商务发展。笔者对促进电子商务发展的相关政策进行了梳理，具体情况如表3-2所示。

表3-2 促进电子商务发展的相关政策

时间	政策名称	主要内容
2015年5月	《国务院关于大力发展电子商务加快培育经济新动力的意见》（国发〔2015〕24号）	电子商务与其他产业深度融合，成为促进创业、稳定就业、改善民生服务的重要平台，对工业化、信息化、城镇化、农业现代化同步发展起到关键性作用
2015年10月	《国务院办公厅关于促进农村电子商务加快发展的指导意见》（国办发〔2015〕78号）	积极培育农村电子商务市场主体、扩大电子商务在农业农村的应用、改善农村电子商务发展环境
2016年12月	《电子商务“十三五”发展规划》	大力提升电子商务平台创新发展水平、加快提升电子商务内外市场一体化水平、着力提升电子商务领域科技支撑能力、推进电子商务与传统产业深度融合、发展电子商务要素市场及完善电子商务民生服务体系
2019年5月	《数字乡村发展战略纲要》	加快乡村信息基础设施建设、发展农村数字经济、强化农业农村科技创新供给、建设智慧绿色乡村等

表3-2(续)

时间	政策名称	主要内容
2019 年 6 月	《国务院关于促进乡村产业振兴的指导意见》(国发〔2019〕12 号)	围绕农村一二三产业融合发展，强化创新引领，突出集群成链，延长产业链、提升价值链，培育发展新动能，加快构建现代农业产业体系、生产体系和经营体系，推动形成城乡融合发展格局，为农业农村现代化奠定坚实基础
2019 年 12 月	《数字农业农村发展规划(2019—2025 年)》	加快生产经营数字化改造、推进管理服务数字化转型
2020 年 5 月	《2020 年数字乡村发展工作要点》	推进乡村新型基础设施建设、推动乡村数字经济发展、促进农业农村科技创新、推进乡村治理能力现代化、建设绿色智慧乡村、激发乡村振兴内生动力、加强数字乡村发展的统筹协调
2020 年 7 月	《关于开展国家数字乡村试点工作的通知》	开展数字乡村整体规划设计、完善乡村新一代信息基础设施、探索乡村数字经济新业态、探索乡村数字治理新模式、完善“三农”信息服务体系、完善设施资源整合共享机制、探索数字乡村可持续发展机制
2021 年 10 月	《“十四五”电子商务发展规划》	深化创新驱动，塑造高质量电子商务产业；引领消费升级，培育高品质数字生活；推进商产融合，助力产业数字化转型；服务乡村振兴，带动下沉市场提质扩容；倡导开放共赢，开拓国际合作新局面；推动效率变革，优化要素资源配置；统筹发展安全，深化电子商务治理
2021 年 12 月	《“十四五”数字经济发展规划》	优化升级数字基础设施、充分发挥数据要素作用、大力推进产业数字化转型、加快推动数字产业化、持续提升公共服务数字化水平等

在“十三五”期间，我国电子商务取得了快速发展。如图 3-2 所示，2013—2017 年，全国网络零售交易额从 1.85 万亿元增加到 7.18 万亿元；

农村网络零售交易额从 0.1 万亿元增加到 1.24 万亿元，年均增速达 87.7%。放眼全球，我国的网络零售市场规模最大。目前，电子商务平台成为居民消费的重要渠道，而电子商务企业也创造了大量就业岗位。

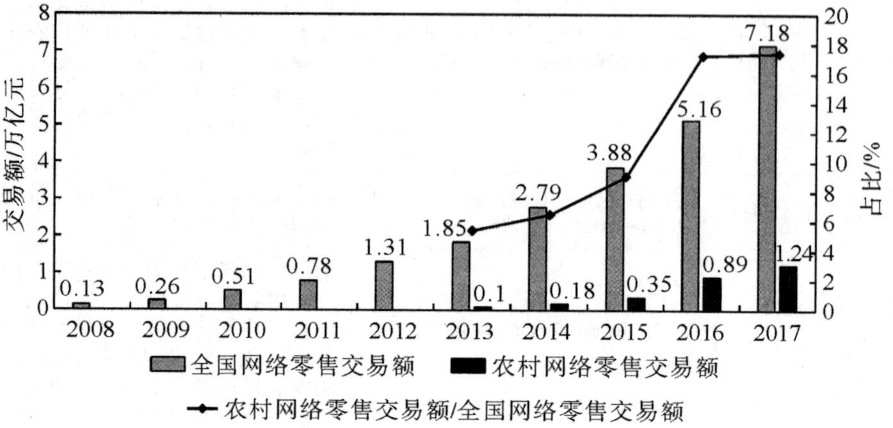

图 3-2　2013—2017 年网络零售交易额变化趋势

数据来源：根据国家统计局的数据及商务部历年发布的《中国电子商务报告》整理。

注：全国网络零售交易额、农村网络零售交易额对应左坐标轴，农村网络零售交易额占全国网络零售交易额比重对应右坐标轴。

3.4　乡村就业促进行动

农村电子商务发展对创造就业机会、改善家庭福利具有重要作用。农村劳动力就地就业是促进农民增收的重要渠道，因此近年来政府部门大力推动农村居民在县域内就地就近就业，包括出台一系列发展农村电子商务产业的政策，以此带动农村劳动力就地就业。

例如，2017 年发布的《国务院关于做好当前和今后一段时期就业创业工作的意见》（国发〔2017〕28 号）中明确提到，促进以创业带动就业。又如，2018 年发布的《农业农村部关于大力实施乡村就业创业促进行动的通知》（农加发〔2018〕4 号）中明确要求，围绕培育主体促进就业创业、围绕打造园区促进就业创业、围绕发展特色产业促进就业创业、围绕推动产业融合促进就业创业。再如，2018 年印发的《乡村振兴战略规划（2018—2022 年）》中明确提出，实施乡村就业促进行动，主要包括农村就业岗位开发、农村劳动力职业技能培训、城乡职业技能公共实训基地建设及乡村公共就业服务体系建设四个方面。笔者对促进就业的相关政策进行了梳理，具体情况如表 3-3 所示。

表 3-3　促进就业的相关政策

时间	政策名称	主要内容
2018 年 4 月	《农业农村部关于大力实施乡村就业创业促进行动的通知》	实施乡村就业创业促进行动。围绕培育主体促进就业创业、围绕打造园区促进就业创业、围绕发展特色产业促进就业创业、围绕推动产业融合促进就业创业
2020 年 9 月	《国务院办公厅关于以新业态新模式引领新型消费加快发展的意见》	鼓励发展新就业形态，支持灵活就业，加快完善相关劳动保障制度
2020 年 7 月	《人力资源社会保障部关于开展人力资源服务行业促就业行动的通知》	开展重点行业企业就业服务、开展重点群体就业服务、开展促进灵活就业服务、开展就业创业指导服务、开展优质培训服务等
2021 年 8 月	《“十四五”就业促进规划》	培育接续有力的就业新动能。 促进数字经济领域就业创业。加快发展数字经济，推动数字经济和实体经济深度融合，催生更多新产业新业态新商业模式，培育多元化多层次就业需求。 支持多渠道灵活就业和新就业形态发展。破除各种不合理限制，建立促进多渠道灵活就业机制，支持和规范发展新就业形态。鼓励传统行业跨界融合、业态创新，增加灵活就业和新就业形态就业机会
2022 年 1 月	《中共中央 国务院关于做好 2022 年全面推进乡村振兴重点工作的意见》	持续推进农村一二三产业融合发展、大力发展县域富民产业、加强县域商业体系建设、促进农民就地就近就业创业

3.5 生活富裕

生活富裕的重要实现路径是促进农村居民就业，而促进农村居民就业的重要举措是加快本地产业发展。因此，本书将首先论述返乡创业政策的实施对本地电子商务创业的影响，其次将从创业带动就业的视角综述促进农村居民就业的重要政策的着力点，最后将研究农村电子商务创业对生活富裕的影响。在生活富裕方面，本书主要关注农村家庭的收入增加和农村家庭的消费提升。笔者对生活富裕的相关政策进行了梳理，具体情况如表3-4所示。

表 3-4　生活富裕的相关政策

时间	政策名称	主要内容
2018 年 9 月	《乡村振兴战略规划（2018—2022 年）》	坚持把解决好“三农”问题作为全党工作重中之重，坚持农业农村优先发展，按照产业兴旺、生态宜居、乡风文明、治理有效、生活富裕的总要求，建立健全城乡融合发展体制机制和政策体系，统筹推进农村经济建设、政治建设、文化建设、社会建设、生态文明建设和党的建设，加快推进乡村治理体系和治理能力现代化，加快推进农业农村现代化，走中国特色社会主义乡村振兴道路
2021 年 3 月	《中华人民共和国国民经济和社会发展第十四个五年规划和 2035 年远景目标纲要》	坚持居民收入增长和经济增长基本同步、劳动报酬提高和劳动生产率提高基本同步，持续提高低收入群体收入，扩大中等收入群体，更加积极有为地促进共同富裕

第 4 章　数据

本章将介绍本书使用的数据。具体来说，本书将使用县域电子商务创业数据、微观家庭调查数据等，以研究乡村振兴战略背景下农村电子商务创业的经济效应。本书主要涉及以下几方面的数据：

第一，为研究政府部门支持的返乡创业政策对县域电子商务创业的影响，笔者将手工整理的返乡创业试点县名单信息与县域电子商务创业数据进行匹配，形成县域层面的数据集。同时，为研究政府部门支持的返乡创业政策对县域淘宝店铺成立及生存的影响，本书使用了阿里研究院的县域淘宝店铺注册数据。

第二，为研究农村电子商务发展对就地就近就业的影响，本书使用了中国城乡治理调查数据及中国家庭金融调查数据。

第三，笔者将中国城乡治理调查数据与中国家庭金融调查数据进行匹配，形成“行政村-家庭”数据集。利用该数据集，本书详细研究了农村电子商务发展对农村家庭福利的影响。

综上所述，本书将基于县域层面的数据、行政村层面的调查数据及微观家庭调查数据，评估乡村振兴战略背景下返乡创业政策的实施效应，以及农村电子商务发展对农村地区稳就业和农村家庭福利的影响。

4.1 返乡创业政策数据

为研究返乡创业政策的实施对县域电子商务发展的影响，笔者结合国家发展和改革委员会官方网站公布的数据，手工整理出返乡创业试点县名单信息。第一批返乡创业试点县名单信息来源于《关于同意河北省威县等90个县（市、区）结合新型城镇化开展支持农民工等人员返乡创业试点的通知》（发改就业〔2016〕395号），第二批返乡创业试点县名单信息来源于《关于同意河北省阜城县等116个县（市、区）结合新型城镇化开展支持农民工等人员返乡创业试点的通知》（发改就业〔2016〕2640号），第三批返乡创业试点县名单信息来源于《关于同意河北省大名县等135个县（市、区）结合新型城镇化开展支持农民工等人员返乡创业试点的通知》（发改就业〔2017〕1848号）。

4.2 县域电子商务企业注册数据

为全面了解县域电子商务创业行为，笔者使用2000—2019年的县域工商企业注册数据，并从中提取了县域电子商务企业注册数据。该数据记录了县域层面（包括县、县级市、自治县、自治旗、旗）的电子商务创业情况，为研究返乡创业政策的实施对县域电子商务创业的影响提供了条件。

4.3 县域淘宝店铺注册数据

为研究返乡创业政策的实施对县域淘宝店铺注册数量的影响，本书使用了阿里巴巴研究院的县域淘宝店铺注册数据。该数据能够反映2015—

2019 年的县域淘宝店铺注册数量。

4.4　中国县域数字乡村指数

为研究农村电子商务创业对农村家庭消费的影响，本书使用了北京大学新农村发展研究院与阿里研究院联合编制的中国县域数字乡村指数的相关数据。中国县域数字乡村指数包括乡村数字基础设施指数、乡村经济数字化指数、乡村治理数字化指数、乡村生活数字化指数 4 个一级指标；信息基础设施指数、数字金融基础设施指数、数字商业地标指数、基础数据资源体系指数、数字化生产指数、数字化供应链指数、数字化营销指数、数字化金融指数、治理手段指数、数字消费指数、数字文旅教卫指数、数字生活服务指数 12 个二级指标。本书的研究中将使用乡村生活数字化指数、每亿元社会消费品零售总额中线上消费金额占比、人均线上生活消费订单数、人均线上生活消费金额、县域淘宝村占比等变量。

4.5　县域统计年鉴数据

笔者还利用了 2000—2019 年的县域统计年鉴数据。该数据详细记录了县域（包括县、县级市、自治县、自治旗、旗）的经济发展、产业结构等情况。由于该数据具有样本量大、质量高、代表性强等特点，因此在有关县域经济的研究中被大量使用（唐跃桓 等，2020；王奇 等，2021；黄祖辉 等，2022）。

4.6 中国城乡治理调查数据

中国城乡治理调查（China Community Governance Survey，CCGS）是指西南财经大学中国家庭金融调查与研究中心分别于 2013 年、2015 年、2017 年、2019 年在城市社区和行政村开展的调查。本书使用的是对行政村的调查数据。中国城乡治理调查利用行政村问卷，分别在 2017 年、2019 年详细调查了行政村的电子商务经营家庭数量、特色产业吸纳人员数量、人均收入情况（王奇 等，2022）。本书将使用 2017 年和 2019 年的中国城乡治理调查数据。

4.7 中国家庭金融调查数据

中国家庭金融调查（China Household Finance Survey，CHFS）是指西南财经大学中国家庭金融调查与研究中心自 2009 年起，每两年对中国家庭开展的入户调查。中国家庭金融调查设计的问卷用于详细调查中国家庭的资产、收入、负债、消费及人口统计学特征等问题。2015 年的调查样本覆盖全国 29 个省（自治区、直辖市），351 个县（区、县级市），1 396 个村（居）委会，37 289 户家庭；2017 年的样本覆盖全国 29 个省（自治区、直辖市），355 个县（区、县级市），1 428 个村（居）委会，40 011 户家庭；2019 年的样本覆盖 29 个省（自治区、直辖市），343 个县（区、县级市），1 360 个村（居）委会，34 643 户家庭。本书将利用中国家庭金融调查数据研究农村电子商务发展对农村家庭福利水平的影响。

本书使用的数据结构如图 4-1 所示。

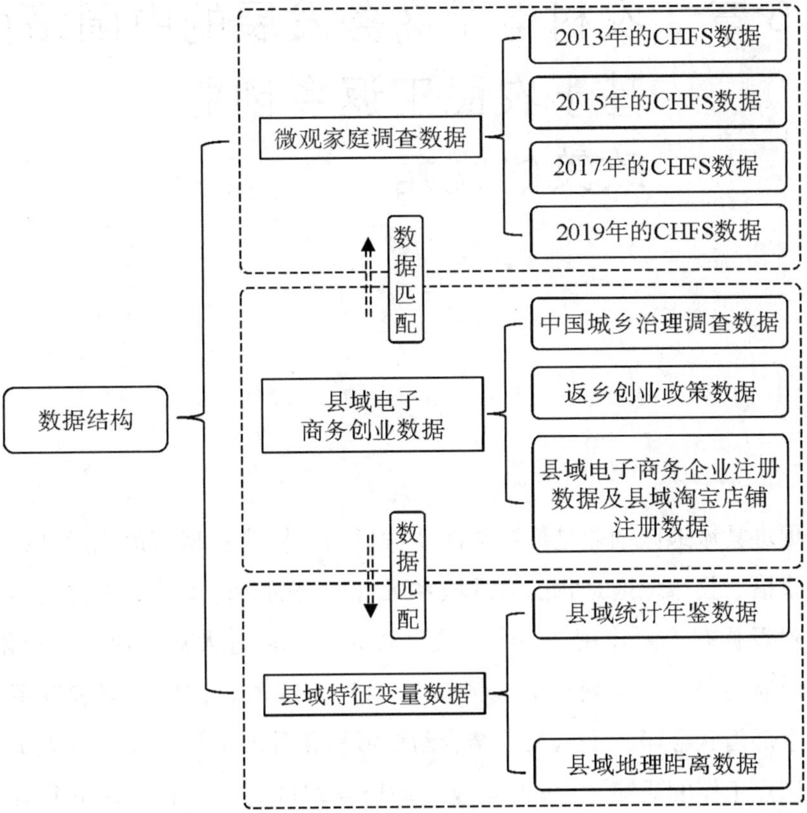
数据结构
微观家庭调查数据
2013年的CHFS数据
2015年的CHFS数据
2017年的CHFS数据
2019年的CHFS数据
数据匹配
县域电子商务创业数据
中国城乡治理调查数据
返乡创业政策数据
县域电子商务企业注册数据及县域淘宝店铺注册数据
数据匹配
县域特征变量数据
县域统计年鉴数据
县域地理距离数据

图 4-1　数据结构

第5章 农村电子商务发展的中国路径：基于农民工返乡创业政策的视角

促进县域地区创业是推进全面乡村振兴、构建新型城镇化发展格局的重要举措。县域地区是我国实现城乡融合发展的关键支撑，对促进新型城镇化建设具有重要作用。“十三五”以来，为促进大众创业、万众创新，我国政府出台了一系列举措。例如，2015年11月，国家发展和改革委员会等十部门联合印发了《关于结合新型城镇化开展支持农民工等人员返乡创业试点工作的通知》（发改就业〔2015〕2811号），并于2016年开始对农民工返乡创业进行试点。

推动形成多层次多样化高质量的返乡创业发展格局，对吸纳就地就业、繁荣乡村产业及促进全面乡村振兴具有重要的现实意义。目前，关于县域电子商务创业的研究主要集中于探讨县域电子商务创业带来的经济增长效应。例如，黄祖辉等（2022）基于2011—2018年的县域数据进行研究，发现返乡创业政策的实施促进了县域经济增长。王奇等（2021）利用电子商务进农村的政策冲击效应，评估了电子商务示范县对周边县域经济增长的影响，发现电子商务示范县显著促进了周边县域经济增长，同时发现，电子商务通过激发市场潜能来促进县域经济发展。

然而，目前关于如何促进县域电子商务创业的研究还较少。返乡创业是我国县域经济发展的重要特色，也是带动农村居民就地就业的有效举措，对推进全面乡村振兴具有重要作用。已有文献大多研究了外出务工对创业的影响。例如，周广肃等（2017）利用2007年的中国家庭住户收入调查采集的农村样本数据进行分析，发现外出务工经历与本地创业显著正相关。杨子砚等（2020）利用2012年和2014年的中国家庭追踪调查数据进行研究，发现外出务工显著促进了农地流转，而农地流转则显著提升了创业概率。孙武军等（2021）利用北京师范大学劳动力市场研究中心于2019年针对2 139家返乡创业企业收集的调查数据进行研究，发现创业者的外出创业经历能够显著提升其经营绩效。通过梳理相关研究，笔者发现，这些研究主要使用的是较早年份的数据，因此一方面难以全面展示现阶段的返乡创业基本情况，另一方面无法深入评估在“十三五”期间返乡创业政策的实施效果。与上述研究不同，本书利用2000—2019年的县域工商企业注册数据，系统评估了2016年以来开展的返乡创业试点对县域电子商务创业的影响。

本书将2000—2019年的县域工商企业注册数据中的县域电子商务企业注册数据与县域统计年鉴数据进行匹配，利用2016年以来开展的返乡创业试点，研究了政府部门支持的返乡创业政策的实施效果。研究发现，政府部门支持的返乡创业政策的实施显著促进了县域电子商务创业。总体而言，返乡创业政策的实施平均增加了11.11%的县域电子商务企业注册数量；同时，双重差分模型估计了样本期间的平均处理效应，经测算，县域电子商务创业幅度平均每年提升约2.78%。这一结果在排除同期其他政策、缩短样本时间及进行平行趋势检验后依然成立。进一步地，笔者在研究阿里研究院的县域淘宝店铺注册数据后发现，返乡创业政策的实施促进了县域电子商务创业，同时有助于淘宝店铺存活，并增加了县域淘宝店铺的平均订单数量。机制分析也发现，在人口流出的县域，返乡创业政策的实施显著促进了县域电子商务创业。这表明，外出务工带来的物质资本和人力资本的积累有助于农民工在返乡后进行电子商务创业。异质性分析发现，返乡创业政策的实施更有利于西部地区电子商务创业。此外，在前期人力资本积累越丰富的地区，返乡创业政策的实施对电子商务创业的促进作用越显著。本书的贡献主要体现在以下几个方面：

第一，本书拓展了创业的相关研究。已有文献对创业的影响因素进行了深入探讨，主要从企业家个体特征、制度与文化、地区特征等方面对创业行为展开研究（Yang et al.，2008；Heet al.，2018）。在企业家个体特征方面，已有文献主要关注了人口统计学特征（如年龄、性别、教育背景）、认知能力、金融知识等因素对创业行为的影响（尹志超 等，2015）。在制度与文化方面，已有研究发现，社会网络有助于缓解融资约束，进而促进创业，但随着正式制度的发展及完善，社会网络的作用逐步减小（Wei et al.，2019）。在地区特征方面，已有文献发现，地区房价、数字普惠金融等因素显著影响了当地的创业行为（Kong et al.，2021）。

第二，本书发现，返乡人口流动有助于知识溢出，从而促进农村电子商务创业，这拓展了现有关于知识溢出的研究。已有关于知识溢出的文献主要集中于跨国层面。例如，瑞特等（Wright et al.，2008）发现，海外生活和学习经历有助于促进创业。又如，刘等（Liu et al.，2009）发现，海外留学人员归国和跨国企业员工流动对本国企业存在显著的知识溢出效应，对当地企业的创新具有重要作用。本书将以国内不同县域的人口流动为研究对象，从地理空间维度出发，研究返乡创业政策的实施效果，从而丰富了有关知识溢出的文献。

第三，本书的研究丰富了数字经济的相关文献。电子商务是数字经济的重要表现形式，以往的研究主要关注电子商务发展对经济增长的影响。本书以返乡创业试点为切入点，实证研究了政府部门支持的返乡创业政策对县域电子商务创业的影响，这对促进数字经济发展具有重要的启示意义。

本书的研究也具有重要的政策参考意义。首先，促进农村产业发展是推进全面乡村振兴的重要举措，而鼓励县域电子商务创业则是促进农村产业发展的有效手段。本书的研究发现，返乡创业政策的实施有助于刺激县域电子商务创业，因此政府部门应积极推广返乡创业政策并促进返乡创业政策落实落地。其次，本书的研究发现，返乡创业政策的实施对西部地区的电子商务创业的促进效应更为显著，这为相关部门出台有效举措以推动我国区域和城乡平衡发展提供了借鉴和参考。最后，加快培育地方特色产业集群是促进农村产业发展的重要抓手，本书的研究也发现，返乡创业政策的实施有助于淘宝店铺的存活。淘宝店铺是具有当地特色的小微企业。农村地区的发展是发展中国家共同面临的重要问题，因此本书的研究也为其他发展中国家促进农村地区就业提供了中国经验。本书的研究框架如图5-1所示。

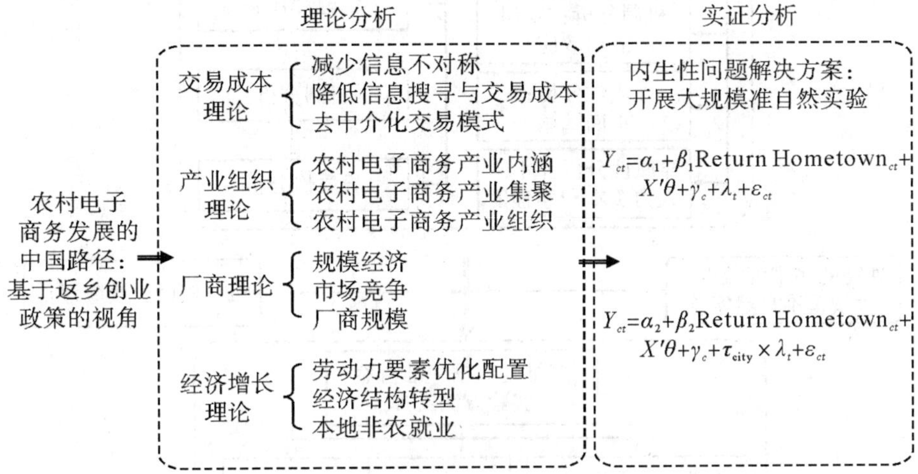

图5-1　研究框架

本书的技术路线如图5-2所示。

本书主要从返乡创业政策的实施角度出发，评估了其对县域电子商务创业的影响，探讨了返乡创业试点的作用机制，并利用不同地区、不同人力资本前期积累等因素进行了异质性分析。

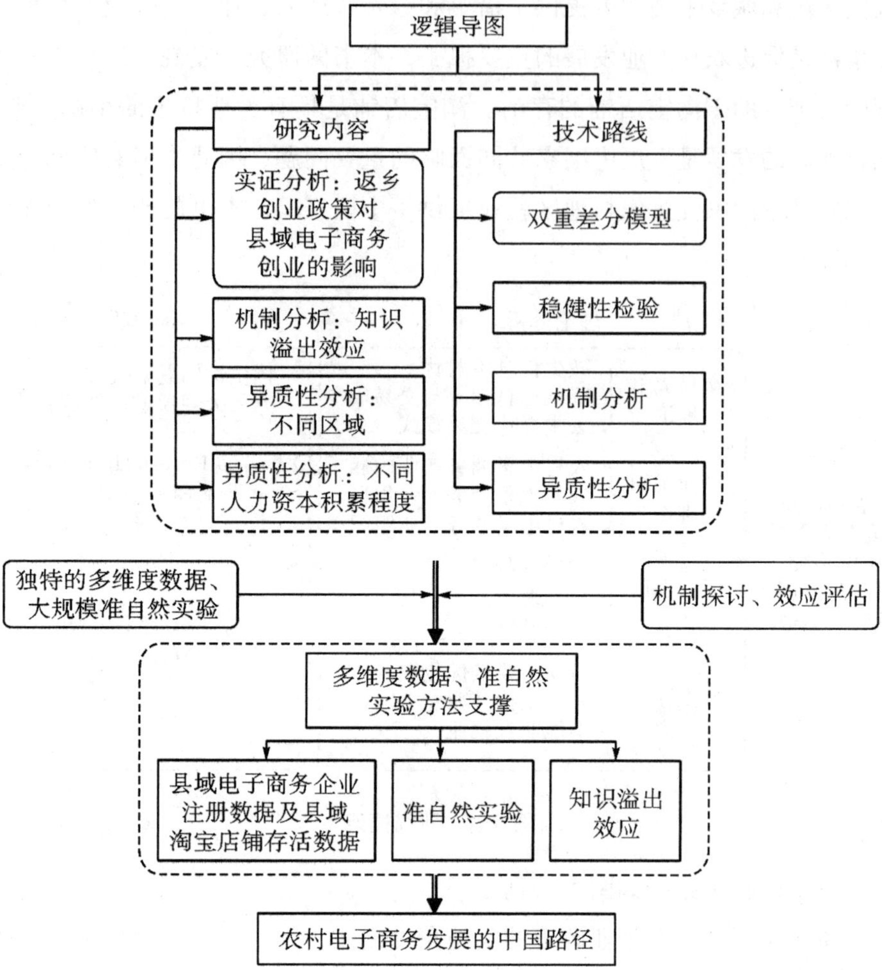

图 5-2　技术路线

5.1　变量定义与描述性统计

5.1.1　被解释变量

为研究返乡创业政策的实施对农村电子商务创业的影响，本章将县域电子商务企业注册数量加 1 并取对数值作为被解释变量。县域电子商务企业注册数量来源于中国工商企业注册数据库。

5.1.2 解释变量

本章的解释变量为返乡创业政策。由于返乡创业政策是在县域创业试点中逐步推行的，因此本章对返乡创业政策有关变量作如下定义：对某县域开始试点返乡创业的当年和以后各年取 1，否则取 0。这样就形成了对照组和处理组，用于观察返乡创业政策实施前和返乡创业政策实施后的差异。

5.1.3 控制变量

参考以往文献中的回归设定，本章设置了多个维度的控制变量，具体如下：首次，本章控制了县域固定效应和年份固定效应；其次，本章控制了县域第一产业人均增加值的对数值、居民储蓄存款余额的对数值、年末金融机构各项贷款余额的对数值、一般公共预算支出的对数值、固定电话用户数的对数值及普通中学在校学生数的对数值；最后，本章控制了城市固定效应与年份固定效应的交互项。

本章的变量定义如表 5-1 所示。

表 5-1 变量定义

变量名	变量定义	数据来源
Ln（县域电子商务企业注册数量+1）	该变量指县域电子商务企业注册数量加 1 并取对数值。笔者在中国工商企业注册数据库中，通过匹配名称“电子商务”获取所有电子商务企业，并将其加总至每年的县域层面，最终得到 2000—2019 年的县域电子商务企业注册数量	中国工商企业注册数据库
返乡创业政策	该变量反映返乡创业政策的冲击，是虚拟变量。对某县域开始试点返乡创业的当年和以后各年取 1，否则取 0	国家发展和改革委员会官方网站
Ln（第一产业人均增加值）	第一产业增加值进行上下 1% 的缩尾处理后，除以户籍人口数量并取对数值	县域统计年鉴

表5-1(续)

变量名	变量定义	数据来源
Ln（居民储蓄存款余额）	居民储蓄存款余额进行上下1%的缩尾处理，并取对数值	县域统计年鉴
Ln（年末金融机构各项贷款余额）	年末金融机构各项贷款余额进行上下1%的缩尾处理，并取对数值	县域统计年鉴
Ln（一般公共预算支出）	一般公共预算支出进行上下1%的缩尾处理，并取对数值	县域统计年鉴
Ln（固定电话用户数）	固定电话用户数进行上下1%的缩尾处理，并取对数值	县域统计年鉴
Ln（普通中学在校学生数）	普通中学在校学生数进行上下1%的缩尾处理，并取对数值	县域统计年鉴

5.1.4 描述性统计分析

表5-2汇报了被解释变量、解释变量及控制变量的描述性统计分析。Ln（县域电子商务企业注册数量+1）的均值为0.241，标准差为0.586；返乡创业政策的均值为0.018，标准差为0.132；Ln（第一产业人均增加值）的均值为7.962，标准差为0.723；Ln（居民储蓄存款余额）的均值为12.743，标准差为1.337；Ln（年末金融机构各项贷款余额）的均值为12.554，标准差为1.369；Ln（一般公共预算支出）的均值为11.464，标准差为1.219；Ln（固定电话用户数）的均值为10.569，标准差为1.077；Ln（普通中学在校学生数）的均值为9.889，标准差为0.893。

表5-2 描述性统计分析

变量名	样本量	均值	标准差	中位数
Ln（县域电子商务企业注册数量+1）	32 475	0.241	0.586	0.000
返乡创业政策	32 475	0.018	0.132	0.000
Ln（第一产业人均增加值）	32 475	7.962	0.723	7.985
Ln（居民储蓄存款余额）	32 475	12.743	1.337	12.812

表5-2(续)

变量名	样本量	均值	标准差	中位数
Ln（年末金融机构各项贷款余额）	32 475	12.554	1.369	12.532
Ln（一般公共预算支出）	32 475	11.464	1.219	11.650
Ln（固定电话用户数）	32 475	10.569	1.077	10.645
Ln（普通中学在校学生数）	32 475	9.889	0.893	9.976

基于中国工商企业注册数据库中的县域电子商务企业注册数量，笔者描绘了县域电子商务企业注册数量的变化趋势（见图5-3）。从图5-3中我们可以看出，在2014年后，县域电子商务企业注册数量迅速增长。

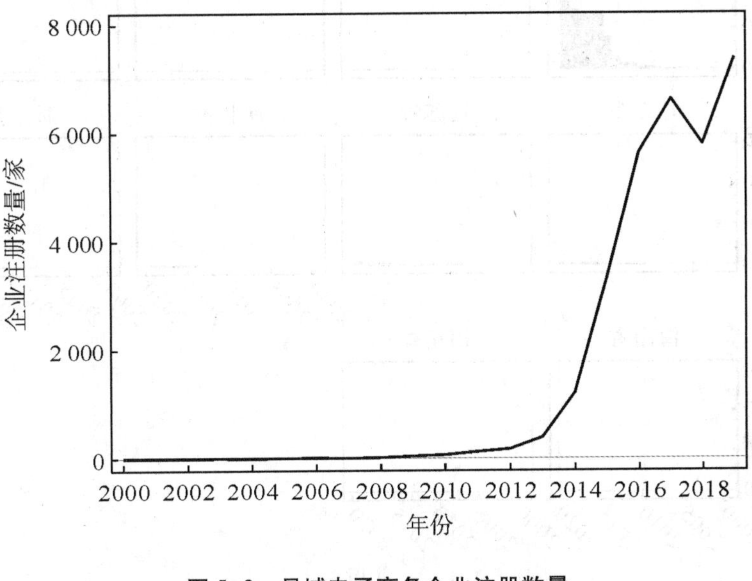

图5-3 县域电子商务企业注册数量

图5-4、图5-5、图5-6及图5-7分别展示了2000—2020年东部地区、中部地区、西部地区、东北地区各省（自治区、直辖市）[①] 的电子商务企业注册数量。其中，东部地区的省（自治区、直辖市）包括北京市、天津市、河北省、山东省、上海市、江苏省、浙江省、福建省、广东省、

① 本书未统计我国香港特别行政区、澳门特别行政区、台湾省的有关数据。

海南省，中部地区的省（自治区、直辖市）包括山西省、安徽省、江西省、河南省、湖北省、湖南省，西部地区的省（自治区、直辖市）包括内蒙古自治区、广西壮族自治区、重庆市、四川省、贵州省、云南省、西藏自治区、陕西省、甘肃省、青海省、宁夏回族自治区、新疆维吾尔自治区，东北地区的省（自治区、直辖市）包括黑龙江省、吉林省、辽宁省。从各地区的电子商务企业注册数量的变化趋势中，我们可以清晰看出，在2014年之后，各省（自治区、直辖市）的电子商务企业注册数量迅速增加。

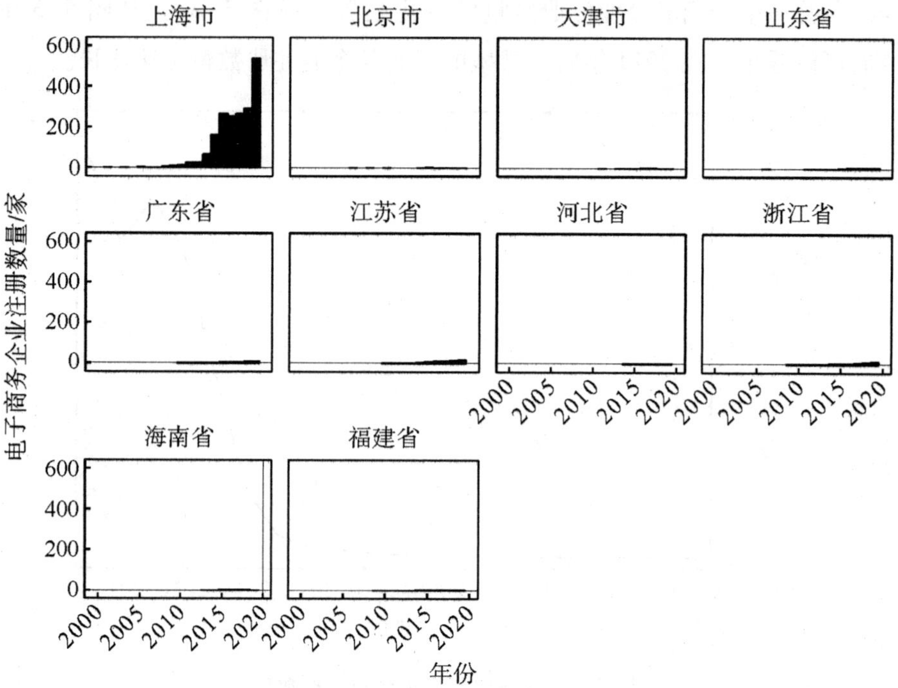

图 5-4　2000—2020 年东部地区各省（自治区、直辖市）的电子商务企业注册数量

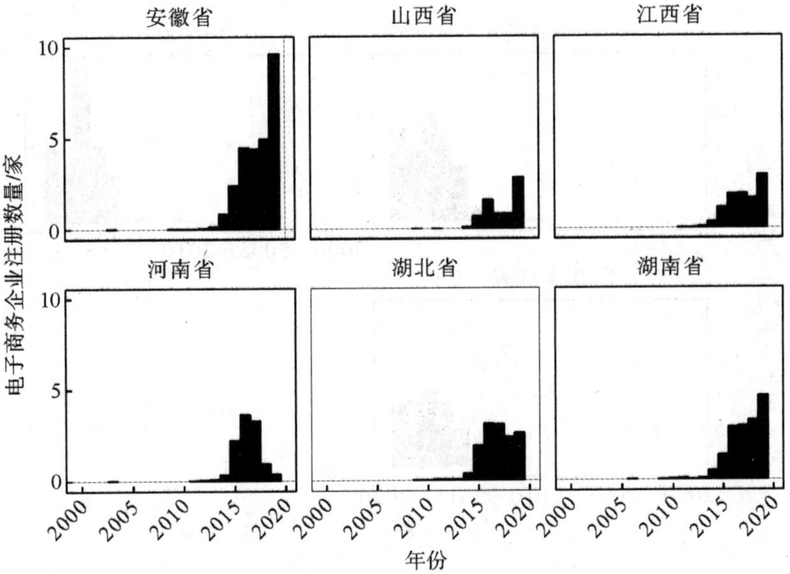

图 5-5　2000—2020 年中部地区各省（自治区、直辖市）的电子商务企业注册数量

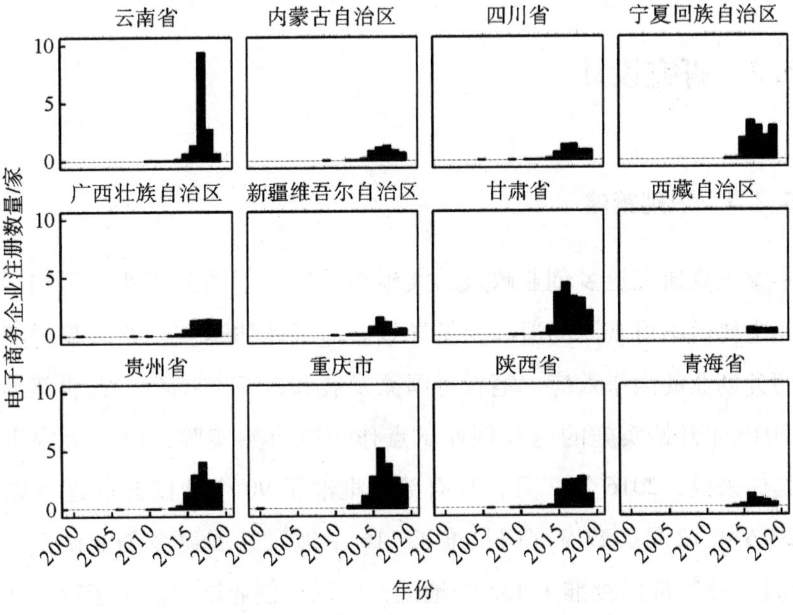

图 5-6　2000—2020 年西部地区各省（自治区、直辖市）的电子商务企业注册数量

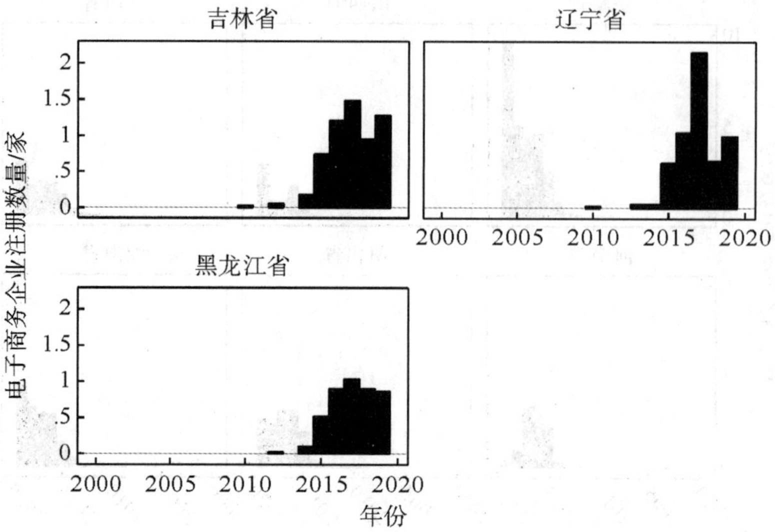

图 5-7　2000—2020 年东北地区各省（自治区、直辖市）的电子商务企业注册数量

5.2　研究设计

5.2.1　识别策略

本章主要研究返乡创业政策的实施对县域电子商务创业的影响。内生性问题主要由不可观测的遗漏变量导致。为了评估返乡创业政策的实施对电子商务创业的因果效应，笔者将国家发展和改革委员会、农业部等十部委于 2016 年开始实施的返乡创业试点作为准自然实验，以解决内生性问题。具体来说，2016 年 2 月，政府部门批准了 90 个地区开展返乡创业试点；2016 年 12 月，政府部门批准了 116 个地区开展返乡创业试点；2017 年 10 月，政府部门批准了 135 个地区开展返乡创业试点。由于第一次试点工作于 2016 年 2 月开始，因此本章将时间冲击设定为 2016 年；第二次试点工作于 2016 年 12 月开始，因此本章将时间冲击设定为 2017 年；第三次试点工作于 2017 年 10 月开始，因此本章将时间冲击设定为 2018 年。

本章对第一批试点县在 2016 年及之后取 1，否则取 0；对第二批试点县在 2017 年及之后取 1，否则取 0；对第三批试点县在 2018 年及之后取 1，否则取 0。这就形成了双重差分模型中对照组与控制组在政策实施前后的变化情况。在此基础上，笔者利用双向固定效应双重差分模型研究返乡创业政策的实施对县域电子商务创业的影响。

5.2.2 回归模型设定

依据前文的评估策略，本章将双重差分模型设定如下：

笔者利用基本双重差分双向固定效应模型进行分析。

$$Y_{ct} = \alpha_1 + \beta_1 \text{Return Hometown}_{ct} + \boldsymbol{X}'\theta + \gamma_c + \lambda_t + \varepsilon_{ct} \qquad (5\text{-}1)$$

在模型（5-1）中，c 表示县域、t 表示年份。Y_{ct}为 c 县域 t 年电子商务企业新注册数量加 1 并取对数。$\text{Return Hometown}_{ct}$为国家发展和改革委员会、农业部等十部委于 2016 年开始实施的返乡创业试点的冲击。具体定义如下：对第一批试点县在 2016 年及之后取 1，否则取 0；对第二批试点县在 2017 年及之后取 1，否则取 0；对第三批试点县在 2018 年及之后取 1，否则取 0。这就形成了对照组、控制组及政策实施前后的变化，从而为实施双重差分估计提供了条件。$\boldsymbol{X}'$为县域层面控制变量的向量，包括第一产业人均增加值的对数值、居民储蓄存款余额的对数值、年末金融机构各项贷款余额的对数值、一般公共预算支出的对数值、固定电话用户数的对数值、普通中学在校学生数的对数值。γ_c 为县域固定效应、λ_t 为年份固定效应、ε_{ct}为随机扰动项、α_1 为常数项。为了降低低估标准误的风险，本章将使用聚类到县域层面的稳健标准误。

在模型（5-1）中，β_1 识别了在返乡创业政策实施后，试点县与非试点县的电子商务企业注册数量的平均处理效应。考虑到需要进一步合理估计试点县的反事实，本章参考已有文献（王奇 等，2021），将控制城市固定效应和年份固定效应的交互项。由于年份固定效应被城市固定效应和年份固定效应的交互项所吸收，因此笔者未列示年份固定效应。控制城市固定效应和年份固定效应的交互项的目的在于，使得变化来自同一年份、同一城市的试点县和非试点县在返乡创业政策实施后的差异。因为同一年份、同一城市的试点县与非试点县更具可比性。这有助于笔者观测处理组的反事实。笔者将利用模型（5-2）测算本章的基准回归结果。

$$Y_{ct} = \alpha_2 + \beta_2 \text{Return Hometown}_{ct} + X'\theta + \gamma_c + \tau_{\text{city}} \times \lambda_t + \varepsilon_{ct} \quad (5-2)$$

模型（5-2）在模型（5-1）的基础上，进一步控制了城市固定效应和年份固定效应的交互项，即 $\tau_{\text{city}} \times \lambda_t$。其他变量的设定与模型（5-1）一致，即 Y_{ct}为 c 县域 t 年电子商务企业新注册数量加 1 并取对数。Return Hometown$_{ct}$为国家发展和改革委员会、农业部等十部委于 2016 年开始实施的返乡创业试点的冲击。X'为县域层面控制变量的向量，包括第一产业人均增加值的对数值、居民储蓄存款余额的对数值、年末金融机构各项贷款余额的对数值、一般公共预算支出的对数值、固定电话用户数的对数值、普通中学在校学生数的对数值。γ_c 为县域固定效应、ε_{ct}为随机扰动项、α_1 为常数项。同样，为了降低低估标准误的风险，笔者将使用聚类到县域层面的稳健标准误。

5.3 评估返乡创业政策的实施对县域电子商务创业的效应

5.3.1 基准回归结果

本书利用国家发展和改革委员会、农业部等十部委于 2016 年起开展的返乡创业试点进行研究，考察其对县域电子商务创业的影响。通过建立前文所述的识别策略框架和回归模型，本章得到估计结果如表 5-3 所示。其中，列（1）汇报了只控制县域固定效应和年份固定效应的回归结果。数据表明，自 2016 年起开始试点实施的返乡创业政策在 1%的水平上显著促进了县域电子商务创业。

列（2）在列（1）的基础上进一步控制了县域层面的控制变量，包括第一产业人均增加值的对数值、居民储蓄存款余额的对数值、年末金融机构各项贷款余额的对数值、一般公共预算支出的对数值、固定电话用户数的对数值、普通中学在校学生数的对数值。回归结果表明，返乡创业政策的实施显著促进了县域电子商务创业。

列（3）在列（2）的基础上进一步控制了城市固定效应和年份固定效应的交互项。其中，年份固定效应的交互项被城市固定效应和年份固定效应的交互项所吸收，因此笔者未在表 5-3 中列示年份固定效应的交互项。回归结果同样表明，返乡创业政策的实施显著促进了县域电子商务创业。列（3）的回归结果系数比列（1）的回归结果系数略有减小，说明同一城市中的各县域在电子商务企业创业方面呈现出大体一致的发展趋势。由于列（1）和列（2）未对这一差异进行控制，因此研究结果可能高估返乡创业政策所产生的效应。为了保证研究结果的稳健性，本章进一步控制了城市固定效应和年份固定效应的交互项，设定了条件较为严格的模型，但结果仍然显示，返乡创业政策的实施促进了县域电子商务创业。

表 5-3 返乡创业政策的实施对县域电子商务创业的影响

变量名	（1）	（2）	（3）
	Ln（县域电子商务企业注册数量+1）		
返乡创业政策	0.172 9***	0.167 3***	0.111 1**
	（0.052 6）	（0.051 7）	（0.044 0）
县域固定效应	控制	控制	控制
年份固定效应	控制	控制	—
控制变量	未控制	控制	控制
城市固定效应×年份固定效应	未控制	未控制	控制
样本量	32 475	32 475	32 475
调整后的 R^2	0.505 8	0.509 5	0.633 9

注：*、** 和 *** 分别表示在 10%、5%和 1%的统计水平上显著，括号内为聚类到县域层面的稳健标准误。

5.3.2 经济意义

进一步地，笔者将探讨实施返乡创业政策的经济意义。根据表 5-3，列（3）的回归结果显示，返乡创业政策的实施平均增加了 11.11%的县域电子商务企业注册数量。同时，双重差分模型估计了样本期间的平均处理效应，即县域电子商务创业幅度平均每年提升了约 2.78%（11.11%/4）。此外，县域电子商务企业注册数量的对数值的均值为 0.241，因此返乡创业政策的实施将样本均值提升了约 46.10%（11.11%/0.241），可见返乡创业政策的实施在促进经济发展方面作用显著。

5.4 稳健性检验

本章将从以下几个方面对前文的基准回归结果进行稳健性检验，包括进行平行趋势检验及利用缩短样本时间、排除同期其他政策等方法进行检验。

5.4.1 平行趋势检验

使用双重差分模型的条件合理估计处理组的反事实是平行趋势检验的重要内容。本章利用式（5-3）进行平行趋势检验。

$$Y_{ct} = \alpha_3 + \beta_k \sum_{k \geqslant 2}^{1+} D_{t_{c0}+k} + X'\theta + \gamma_c + \delta_{\text{city}} \times \lambda_t + \varepsilon_{ct} \tag{5-3}$$

其中，Y_{ct}为县域电子商务企业注册数量的对数值；$D_{t_{c0}+k}$为虚拟变量，t_{c0}为 c 县进行返乡创业试点的年份，当 $t-t_{c0}=k$ 时（$k=-2, -1, 0, 1+$），$D_{t_{c0}+k}=1$，否则 $D_{t_{c0}+k}=0$。X'为县域经济特征的向量，γ_c 为县域固定效应，$\delta_{\text{city}} \times \lambda_t$ 为城市固定效应与年份固定效应的交互项，ε_{ct}为随机扰动项。

表 5-4 汇报了式（5-3）的估计结果。数据显示，在返乡创业政策实施前 2 期、返乡创业政策实施前 1 期及返乡创业政策实施当期的县域电子商务创业情况都未发生显著变化，而在返乡创业政策实施后 1 期，县域电

子商务企业注册数量显著增加。

表 5-4 稳健性检验：平行趋势检验

Ln（县域电子商务企业注册数量+1）	
变量名	(1)
返乡创业政策实施前 2 期	0.075 4
	(0.045 9)
返乡创业政策实施前 1 期	0.092 4
	(0.059 3)
返乡创业政策实施当期	0.080 8
	(0.058 2)
返乡创业政策实施后 1 期	0.115 0**
	(0.054 3)
控制变量	控制
样本量	32 475
县域固定效应	控制
年份固定效应	控制
城市固定效应×年份固定效应	控制
调整后的 R^2	0.705 1

注：*、** 和 *** 分别表示在 10%、5%和 1%的统计水平上显著，括号内为聚类到县域层面的稳健标准误。

5.4.2 缩短样本时间

由于政府部门从 2016 年开始进行返乡创业试点，考虑到政策实施前样本的时间跨度较大，可能导致地区混淆、变量遗漏，从而产生内生性问题，因此笔者使用 2010—2019 年的数据对模型（5-2）进行估计。表 5-5 汇报了回归结果。数据表明，返乡创业政策的实施显著促进了县域电子商务企业的设立。

表 5-5　稳健性检验：缩短样本时间

变量名	(1)	(2)	(3)
	Ln（县域电子商务企业注册数量+1）		
返乡创业政策	0.107 2**	0.101 5**	0.068 1**
	(0.044 6)	(0.044 4)	(0.033 3)
样本量	15 420	15 420	15 420
县域固定效应	控制	控制	控制
年份固定效应	控制	控制	—
控制变量	未控制	控制	控制
城市固定效应×年份固定效应	未控制	未控制	控制
调整后的 R^2	0.521 2	0.521 7	0.619 4

注：*、** 和 *** 分别表示在 10%、5%和 1%的统计水平上显著，括号内为聚类到县域层面的稳健标准误。

5.4.3　排除同期其他政策

如果某县域在实施返乡创业政策的过程中，还在相同年份实施了其他相关政策，那么我们估计的经济效应可能不是返乡创业政策带来的，而是其他相关政策带来的。因此，为了排除同期其他政策的干扰，笔者详细梳理了"十三五"期间我国出台的县域层面的返乡创业政策。其中，电子商务进农村综合示范县政策对县域经济发展具有重要作用。例如，已有研究发现，电子商务进农村综合示范县政策的实施显著促进了县域经济增长（王奇 等，2021），提高了县域人均收入水平（唐跃桓 等，2020），以及刺激了农村家庭网络消费（王奇 等，2022）。笔者通过收集电子商务进农村的试点县名单和试点年份，构造了试点县受到的政策冲击（对试点县在当年及以后各年取 1，否则取 0），并在回归模型中对其进行控制，以明确返乡创业政策和电子商务进农村综合示范县政策的作用。表 5-6 汇报了在控制电子商务进农村综合示范县政策冲击后的回归结果，数据同样表明，返乡创业政策的实施显著促进了县域电子商务企业的设立。

表 5-6 稳健性检验：排除同期其他政策

变量名	(1)
	Ln（县域电子商务企业注册数量+1）
返乡创业政策	0. 106 5**
	(0. 043 8)
电子商务进农村综合示范县政策	控制
样本量	32 475
县域固定效应	控制
控制变量	控制
城市固定效应×年份固定效应	控制
调整后的 R^2	0. 636 2

注：*、** 和 *** 分别表示在 10%、5%和 1%的统计水平上显著，括号内为聚类到县域层面的稳健标准误。

5.5 进一步分析

笔者参考秦芳等（2022）的研究，使用阿里研究院的县域淘宝店铺注册数据，利用返乡创业政策对县域电子商务创业作进一步分析。县域淘宝店铺数量是反映县域电子商务创业情况的重要数据，可以用来较好地说明各县域电子商务创业水平和企业活跃程度。具体而言，本章使用 2015—2019 年阿里研究院的县域淘宝店铺注册数据进行研究。表 5-7 汇报了返乡创业政策的实施对县域淘宝店铺设立的影响。其中，列（1）展示了在控制县域固定效应和年份固定效应的情况下，返乡创业政策的实施对县域淘宝店铺设立数量的影响；列（2）展示了在控制县域固定效应、城市固定效应与年份固定效应的交互项及县域特征变量后，返乡创业政策的实施对县域淘宝店铺设立数量的影响。回归结果均显示，政府部门支持的返乡创业政策显著促进了县域淘宝店铺设立。

表 5-7 返乡创业政策与县域淘宝店铺设立

变量名	(1)	(2)
	Ln(县域淘宝店铺设立数量)	
返乡创业政策	0.024 8***	0.019 2**
	(0.009 1)	(0.009 1)
样本量	10 115	9 885
县域固定效应	控制	控制
城市固定效应×年份固定效应	控制	控制
控制变量	未控制	控制
调整后的 R^2	0.989 3	0.989 1

注：*、** 和 *** 分别表示在 10%、5%和 1%的统计水平上显著，括号内为聚类到县域层面的稳健标准误。

进一步地，本章研究了政府部门支持的返乡创业政策是否有助于县域淘宝店铺存活。同样，基于阿里研究院的县域淘宝店铺注册数据，笔者根据存活 3 个月及以上的县域淘宝店铺，研究了政府部门支持的返乡创业政策对县域淘宝店铺存活的影响。表 5-8 汇报了回归结果，列（1）展示了在控制县域固定效应和年份固定效应的情况下，返乡创业政策的实施对县域淘宝店铺存活数量的影响；列（2）展示了在控制县域固定效应、年份固定效应及县域特征变量后，返乡创业政策的实施对县域淘宝店铺存活数量的影响。回归结果均显示，政府部门支持的返乡创业政策显著增加了县域淘宝店铺存活数量。

表 5-8 返乡创业政策与县域淘宝店铺存活

变量名	(1)	(2)
	Ln(县域淘宝店铺存活数量)	
返乡创业政策	0.040 3**	0.032 4**
	(0.015 9)	(0.015 8)
样本量	10 101	9 871

表5-8(续)

变量名	(1)	(2)
	Ln（县域淘宝店铺存活数量）	
县域固定效应	控制	控制
年份固定效应	控制	控制
控制变量	控制	控制
调整后的 R^2	0.972 9	0.972 2

注：*、** 和 *** 分别表示在 10%、5%和 1%的统计水平上显著，括号内为聚类到县域层面的稳健标准误。

上述研究发现，政府部门支持的返乡创业政策有助于县域淘宝店铺的设立及存活。接下来，笔者将进一步探讨返乡创业政策对县域淘宝店铺经营情况的影响。利用县域淘宝店铺平均订单量数据，笔者分析了县域淘宝店铺经营状况。表 5-9 汇报了相关结果。数据表明，返乡创业政策的实施显著提升了县域淘宝店铺平均订单量。这说明政府部门支持的返乡创业政策有助于县域淘宝店铺的经营与发展。

表 5-9　返乡创业政策与县域淘宝店铺平均订单量

变量名	Ln（县域淘宝店铺平均订单量）
返乡创业政策	0.032 4**
	(0.015 8)
样本量	9 871
县域固定效应	控制
年份固定效应	控制
控制变量	控制
调整后的 R^2	0.972 2

注：*、** 和 *** 分别表示在 10%、5%和 1%的统计水平上显著，括号内为聚类到县域层面的稳健标准误。

5.6 机制探讨

外出务工经历可以帮助农村居民获得更多的经验、技能、信息等。社会网络的构建、互惠机制的建立和文化认同感的形成对创业者的资金获取、销售渠道建立及技术积累等具有重要作用。一方面，外出务工经历可以帮助农民工通过拓展社会网络关系来获取创业资源；另一方面，外出务工经历可以帮助农民工通过提升学习技能来提高业务水平。已有研究发现，返乡创业群体在城市地区积累的人力资本对创业行为的出现具有促进作用（王西玉 等，2003；徐超 等，2017；周广肃 等，2017；杨子砚 等，2020；孙武军 等，2021）。

本章使用 2000 年和 2014 年的人口密度变化数据测算人口流动情况。其中，人口密度变化数据从 WorldPop 的栅格数据与县域地理矢量数据中提取。WorldPop 由南安普顿大学于 2013 年 10 月份发起设立，旨在为全球提供一份开放访问的空间人口数据集档案，以支持灾害响应、卫生应用和可持续发展①。

2000—2014 年是我国的快速城镇化时期，农村人口不断向非农产业和城市地区转移。从图 5-8 中我们可以看出，我国的城镇化率快速提升，从 2000 年的 36.22%提升至 2014 年的 54.77%②，这表明大量农村劳动力进入了城市地区。根据有关部门公布的数据，2020 年，全国各类返乡入乡创业创新人员达到 1 010 万人，同比增长 19%。

① WorldPop 的介绍详见其官方网站。
② 数据来源于国家统计局官方网站。

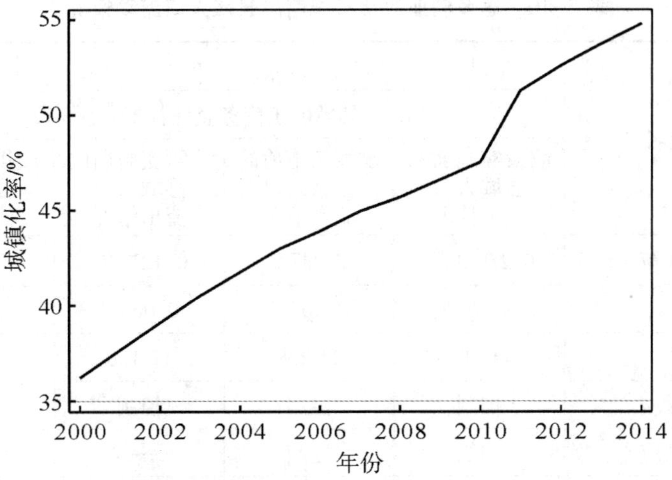

图 5-8　2000—2014 年的城镇化率

在城市地区，农民工可以积累物质资本和人力资本，因此在返乡后更容易创业。基于此，本章将构建返乡创业政策实施前的县域人口流动指标。指标定义如下：对某县而言，若 2014 年的人口密度小于或等于 2000 年的人口密度，则表明该县在 2000—2014 年处于人口流出状态；相反，若 2014 年的人口密度大于 2000 年的人口密度，则表明该县在 2000—2014 年处于人口流入状态。如果在返乡创业政策实施前，该县域流出的人口越多，那么在返乡创业政策实施后，该县域返乡创业的人数可能也越多，这是因为流出的人口在城镇地区积累的物质资本和人力资本有助于其创业。基于该思路，本章对返乡创业政策实施前的县域人口流动情况进行分样本回归。表 5-10 报告了回归结果。列（1）的结果显示，返乡创业政策的实施显著促进了人口流出地区的电子商务创业；相反，列（2）的结果表明，返乡创业政策的实施并未带来人口流入地区电子商务企业的增加。

表 5-10　返乡创业政策实施前的县域人口流动情况

变量名	(1)	(2)	(3)	(4)
	Ln（县域电子商务企业注册数量+1）			
	政策实施前的县域人口流出情况	政策实施前的县域人口流入情况	政策实施前的县域人口流出情况	政策实施前的县域人口流入情况
返乡创业政策	0.250 3***	0.087 9	0.127 7*	0.097 5
	(0.076 8)	(0.067 5)	(0.065 7)	(0.059 9)
样本量	11 207	21 268	11 100	21 215
县域固定效应	控制	控制	控制	控制
年份固定效应	控制	控制	—	—
控制变量	控制	控制	控制	控制
城市固定效应×年份固定效应	未控制	未控制	控制	控制
调整后的 R^2	0.519 6	0.511 0	0.613 9	0.643 5

注：*、** 和 *** 分别表示在 10%、5%和 1%的统计水平上显著，括号内为聚类到县域层面的稳健标准误。

5.7　异质性分析

如果政府部门支持的返乡创业政策能够促进县域电子商务创业，那么此类政策对东部地区、中部地区及西部地区等不同区域是否产生不同的影响，以及在人力资本积累程度不同的地区是否具有不同的作用？回答以上问题对评估返乡创业政策的异质性实施效果具有重要作用。如果返乡创业政策的实施对人力资本积累程度较高的地区的电子商务创业的促进作用较为显著，而对人力资本积累程度较低的地区的电子商务创业的促进作用不明显，那么相关部门在制定政策时，就应考虑增加与人力资本提升有关的投入，如开展创业培训等。基于这一思路，本章将进一步探讨在不同区域及人力资本积累程度不同的地区，返乡创业政策的异质性实施效果。

5.7.1 不同区域的异质性

我国西部地区的外出务工人员较多，而在返乡创业政策实施后，西部地区的电子商务企业明显增多，因此，我们可以认为，政府部门支持的返乡创业政策能够更为显著地促进西部地区的电子商务创业。为了检验这一观点，笔者对东部地区、中部地区和西部地区的样本分别进行回归分析①。表5-11汇报了分地区的回归结果。其中，东部地区的省（自治区、直辖市）包括北京市、天津市、河北省、山东省、上海市、江苏省、浙江省、福建省、广东省、海南省，中部地区的省（自治区、直辖市）包括山西省、安徽省、江西省、河南省、湖北省、湖南省，西部地区的省（自治区、直辖市）包括内蒙古自治区、广西壮族自治区、重庆市、四川省、贵州省、云南省、西藏自治区、陕西省、甘肃省、青海省、宁夏回族自治区、新疆维吾尔自治区。回归结果表明，返乡创业政策的实施显著促进了西部地区的电子商务创业。回归结果同时表明，在早期人口外流较严重的西部地区，在返乡创业政策实施后，试点县的电子商务企业显著多于非试点县。

表5-11　东中西部地区的回归结果

变量名	(1)	(2)	(3)
	Ln（县域电子商务企业注册数量+1）		
	东部地区	中部地区	西部地区
返乡创业政策	0.095 6	0.109 0	0.127 9*
	(0.088 0)	(0.077 3)	(0.067 9)
样本量	8 278	8 608	13 255
县域固定效应	控制	控制	控制
年份固定效应	控制	控制	控制

① 本书未统计我国香港特别行政区、澳门特别行政区、台湾省的有关数据。

表5-11（续）

变量名	(1)	(2)	(3)
	Ln（县域电子商务企业注册数量+1）		
	东部地区	中部地区	西部地区
控制变量	控制	控制	控制
调整后的 R^2	0.712 0	0.604 7	0.572 0

注：*、** 和 *** 分别表示在10%、5%和1%的统计水平上显著，括号内为聚类到县域层面的稳健标准误。

5.7.2 不同人力资本积累程度的异质性

创业，尤其是电子商务创业，需要人力资本积累。本章使用2010年的统计调查数据，根据各县域的平均受教育年限的中位数，将样本分别纳入较高人力资本水平组和较低人力资本水平组。表5-12汇报了回归结果。结果表明，2010年，在人力资本水平较高的县域，返乡创业政策的实施使得试点县的电子商务企业明显多于非试点县。这也表明，人力资本积累是电子商务创业的重要因素。《国务院办公厅关于支持农民工等人员返乡创业的意见》（国办发〔2015〕47号）也明确要求，强化返乡农民工等人员创业培训工作。

表5-12 人力资本水平的回归结果

变量名	(1)	(2)
	较低人力资本水平组	较高人力资本水平组
返乡创业政策	0.104 0 (0.068 6)	0.164 2** (0.073 6)
样本量	15 163	14 165
县域固定效应	控制	控制
年份固定效应	控制	控制
控制变量	控制	控制

表5-12(续)

变量名	(1)	(2)
	较低人力资本水平组	较高人力资本水平组
调整后的 R^2	0.598 7	0.629 5

注：*、** 和 *** 分别表示在 10%、5%和 1%的统计水平上显著，括号内为聚类到县域层面的稳健标准误。

5.8 本章小结

促进农村电子商务创业是培育新产业新业态，加快建设现代乡村产业体系，发展乡村特色产业的重要措施。本章基于政府部门支持的返乡创业政策，利用准自然实验的因果分析框架，实证检验了返乡创业政策的实施对县域电子商务创业的影响。研究结果表明，2016 年开始实施的返乡创业试点显著促进了县域电子商务创业。通过一系列的稳健性检验，如进行平行趋势检验、缩短样本时间、排除同期其他政策后，笔者发现，返乡创业政策的实施对县域电子商务创业的影响依然显著。进一步地，笔者利用阿里研究院的县域淘宝店铺注册数据进行研究，发现返乡创业政策的实施显著促进了县域淘宝店铺的设立，同时，返乡创业政策的实施显著提升了县域淘宝店铺的存活率。机制分析发现，在人口流出越严重的县域，返乡创业政策的实施对其电子商务创业的影响越显著，这表明人口流动带来的技术溢出效应是促进农村电子商务创业的重要因素。异质性分析发现，返乡创业政策的实施效果主要体现在西部地区，同时，在早期人力资本积累程度越高的地区，返乡创业政策的实施对其电子商务创业的促进效应越显著。

本章的研究结果表明，返乡创业政策的实施显著带动了新产业新业态的发展。根据上述结论，本章提出如下政策建议：

第一，进一步发挥政府部门支持的返乡创业政策对县域电子商务创业的促进作用。本章的研究结果表明，返乡创业政策的实施显著促进了县域电子商务创业。因此，政府部门应继续坚持实施返乡创业政策，加快建立适应农产品特点的电子商务销售体系，形成返乡创业政策促进县域电子商务创业的长效机制，不断催生新产业新业态新模式。

第二，激发农村创业活力，加强创业技能培训。本章的研究结果表明，技术溢出效应是促进外出务工人员返乡创业的重要因素，而积累的物质资本和人力资本则为其返乡创业提供了重要支撑。本章的异质性分析发现，在人力资本水平较高的县域，返乡创业政策的实施效果更为显著，这说明我们应加强对返乡创业人员的培训，同时搭建多功能的创业支持服务平台，以便提供政策咨询、资金资助、法律援助等。

第三，壮大本地优势特色产业。本章的研究发现，返乡创业政策的实施有助于提升县域淘宝店铺的存活率。农村电子商务创业的重要作用就在于壮大本地优势特色产业。地方政府利用电子商务平台壮大本地优势特色产业，有助于打造产业集聚、市场竞争力强的中国特色农产品优势区，构建“一乡一业、一村一品”特色产业发展格局。

第6章　农村电子商务创业与稳就业[①]

党的十九大报告指出："就业是最大的民生。要坚持就业优先战略和积极就业政策，实现更高质量和更充分就业。"就业稳定是收入稳定、消费稳定及社会稳定的前提。要看到，我国经济韧性强、潜力大、活力足，长期向好的基本面没有变，这为保持就业形势总体稳定奠定了坚实基础。党的二十大报告指出："就业是最基本的民生。强化就业优先政策，健全就业促进机制，促进高质量充分就业。"2023 年以来，国内需求稳步提升，消费带动作用增强，市场用工需求增加，就业形势整体好转。2024 年的政府工作报告突出了就业优先导向，把稳就业提升到战略高度，提出"多措并举稳就业促增收"，并制定"城镇新增就业 1 200 万人以上""城镇调查失业率 5.5%左右"等主要预期目标。这说明就业总量压力仍不容小视，稳定和扩大就业、提高就业质量仍需多方共同努力。因此，如何进一步稳定就业和提高劳动力市场配置效率，以扎实推动我国经济高质量发展，已成为政策制定和学术研究中的焦点问题。

近年来，以大数据、云计算、物联网、区块链、人工智能为代表的数字经济蓬勃发展，降低了人们的信息搜寻成本和复制成本（Goldfarb et al., 2019），提升了消费者需求，扩大了产品市场（赵涛 等，2020），产生了较大的就业岗位创造效应。根据中国信息通信研究院的测算，2018 年我国数字经济领域的就业岗位为 1.91 亿个，同比增长 11.5%，显著高于同期全国总就业规模增速。同样，大型数字平台成为吸纳就业的主力军。中国人

① 本章内容已被纳入笔者与晋晓姝博士撰写的论文《农村电商特产业创业与稳就业》。该论文被期刊《产业经济评论》录用。

民大学劳动人事学院于2020年7月发布《阿里巴巴全生态就业体系与就业质量研究报告》，认为2019年阿里巴巴全生态就业体系中共蕴含就业机会6 901万个。2020年5月，《2019—2020微信就业影响力报告》发布，称2019年微信带动就业机会2 963万个，其中直接带动就业机会达2 601万个，同比增长16%，2014年以来年均增长22%，间接带动就业机会362万个。据中国人民大学国家发展与战略研究院于2020年9月发布的《灵工时代：抖音平台促进就业研究报告》，2019年8月—2020年8月，共有2 097万人通过抖音平台从事创作、直播等工作，从而获得收入，如将直接就业人数和间接就业人数相结合，抖音平台共计创造和带动的就业规模达3 617万个。作为数字经济的重要表现形式之一（Heeks et al.，2018），电子商务在我国实现了快速发展，交易额从2010年的4.5万亿元增长到2023年的46.83万亿元。其中，实物商品网上零售额为13万亿元，占社会消费品零售总额的比重为27.6%。直接从业人员达755万人，间接从业人员达6 550万人。这些数据显示，我国的电子商务具备强劲的增长势头，并已成为促进劳动力就业和经济社会高质量发展的重要推动力量。

已有研究劳动力就业影响因素的文献主要从宏观层面和微观层面展开讨论。在宏观层面，最低工资政策、宗族文化和市场潜力等因素受到学者的较多关注（张军 等，2017；陈斌开 等，2018；尹靖华 等，2019）。在微观层面，一些学者认为，社会关系网络、外出务工经历和留守经历、家庭老年人照料等因素对农村劳动力就业产生了较为显著的影响（张建华 等，2015；朱铭来 等，2019；李中建 等，2017；唐宁 等，2019）。数字经济的兴起激发了消费者的多样化需求（赵涛 等，2020），释放了更多的就业机会。以互联网为代表的数字基础设施所带来的就业结构转型效应已被诸多文献证实（Hjort et al.，2019；田鸽 等，2022）。电子商务作为信息技术革命的产物，其对宏观经济发展（王奇 等，2021）和企业绩效提升，以及家庭收入、创业、消费等产生了深远的影响（Fan et al.，2018；Luo et al.，2019；王奇 等，2022）。上述经济效应已受到学界的普遍关注，但对于劳动力就业问题，相关研究还较为缺乏。事实上，电子商务激发了市场活力，带动了物流业、软件和信息技术服务业、生活服务业等行业快速发展，也创造出更多的就业岗位。对农村地区而言，电子商务的进入开辟了新的就业领域，使得非农就业和灵活就业的转型速度加快，能为农村女性劳动力获得更多收入赋能（陈瑛 等，2021；秦芳 等，2022）。

农民工返乡创业并带动就业是促进农村居民本地就业、提升农村居民收入的重要手段。一方面，城镇产业转型升级对低技能劳动力的需求逐步降低；另一方面，乡镇企业衰落，非农就业机会减少，机械化普及率逐步提高，使得农村无需过多的农业劳动力。因此，返乡创业，进而拉动就业是促进农村居民本地非农就业的重要方式。返乡创业政策的实施有助于促进电子商务企业进入农村，而市场主体的增加将吸纳农村地区的剩余劳动力，创造出更多就业岗位，从而促进农村居民本地非农就业，提升农村家庭的工资性收入。农村居民充分就业有助于减小城乡收入差距，促进共同富裕的实现。

基于以上背景，本章利用西南财经大学中国家庭金融调查与研究中心于 2017 年和 2019 年采集的中国社区治理调查数据，研究农村电子商务创业对农村劳动力就业的影响及微观作用机制。本章的研究发现，农村电子商务创业显著促进了农村居民本地就业。总体而言，电子商务创业家庭每增加 1%，则吸纳就业人数增加 38.74%。在行政村中，平均电子商务创业户数为 5.733 6 户，平均吸纳就业人数为 429 人。经测算，电子商务创业户数每增加一户，将促进 32 人就业。在控制双向固定效应后，上述结论依然成立。机制分析发现，电子商务创业促进了农村特色产业发展。进一步的分析表明，农村电子商务创业减少了农村劳动力外流的情况。此外，农村电子商务创业提升了农村居民的人均收入水平，且主要通过提升农村家庭的工资性收入来提高农村家庭的总收入。本章的边际贡献主要体现在以下三个方面：

第一，本章将研究视角从消费者转向生产者。已有研究电子商务发展影响家庭的文献主要集中在家庭消费方面，基本认为电子商务发展显著增加了家庭消费支出（祝仲坤，2020），而消费需求的满足和搜寻成本的降低可能是作用机制（刘根荣，2017；孙浦阳 等，2017）。同时，一些研究认为，电子商务发展在促进家庭消费、改善家庭福利方面的效果在农村地区和偏远山区更为明显（Fan et al.，2018；王奇 等，2022）。本书在研究电子商务发展对家庭的影响时，从消费者福利视角转向生产者福利视角，通过对家庭劳动力的非农就业、多重就业和新业态就业等进行分析，从而弥补现有研究的不足。

第二，本章拓展了电子商务影响劳动力市场的相关研究。现有关于电子商务发展影响劳动力市场的文献主要集中在劳动力创业和劳动力收入方面，基本发现了电子商务发展对创新创业的刺激效应和以“农村淘宝”打造为代表的农村电子商务发展对农户增收致富的显著作用（唐跃桓 等，2020；秦芳 等，2022）。本章转向农村劳动力就业的视角，研究农村电子商务发展对优化农村就业结构的作用，从而丰富了有关电子商务发展影响劳动力市场的文献。

第三，本章丰富了有关数字经济影响劳动力就业的文献。早期研究数字经济影响劳动力就业的文献主要从互联网普及促进就业等方面展开，但结论至今存在争议（Briglauer et al.，2019）。随着信息技术在发达国家和城市地区的不断发展，研究互联网接入对农村地区、偏远山区的经济效应的文献逐渐增多（Hjort et al.，2019）。部分国内文献关注了完善数字基础设施对农村劳动力就业的影响，发现互联网接入对农村劳动力非农就业和正规就业具有促进作用（马俊龙 等，2017；宋林 等，2020；李卓 等，2021）。本章不同于以往研究仅关注宽带、光纤等通信工具的升级换代，而从最具代表性的数字经济应用——电子商务切入，研究其对农村劳动力就业的影响，从而丰富了有关数字经济影响劳动力就业的文献。本章的研究内容如图 6-1 所示。

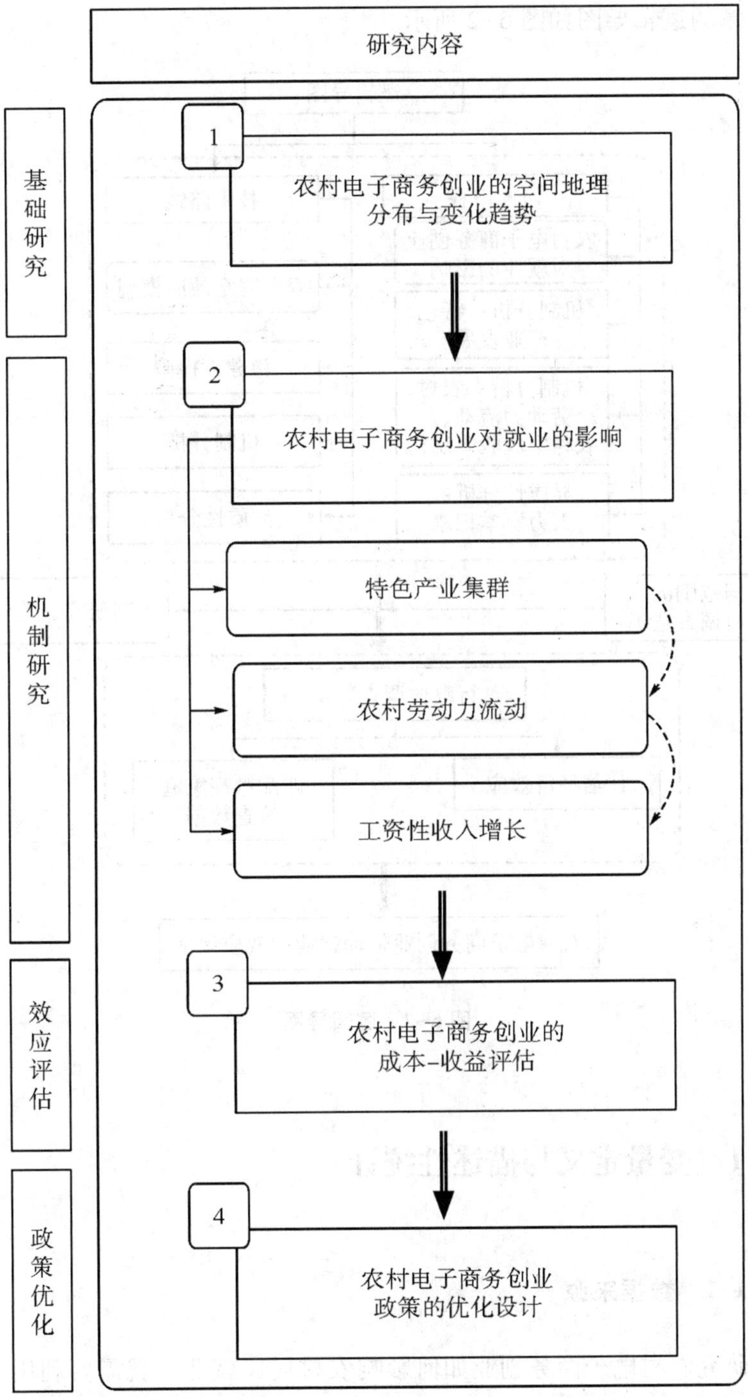
研究内容
基础研究
机制研究
效应评估
政策优化
1
农村电子商务创业的空间地理分布与变化趋势
2
农村电子商务创业对就业的影响
特色产业集群
农村劳动力流动
工资性收入增长
3
农村电子商务创业的成本-收益评估
4
农村电子商务创业政策的优化设计

图 6-1　研究内容

本章的逻辑导图如图 6-2 所示。

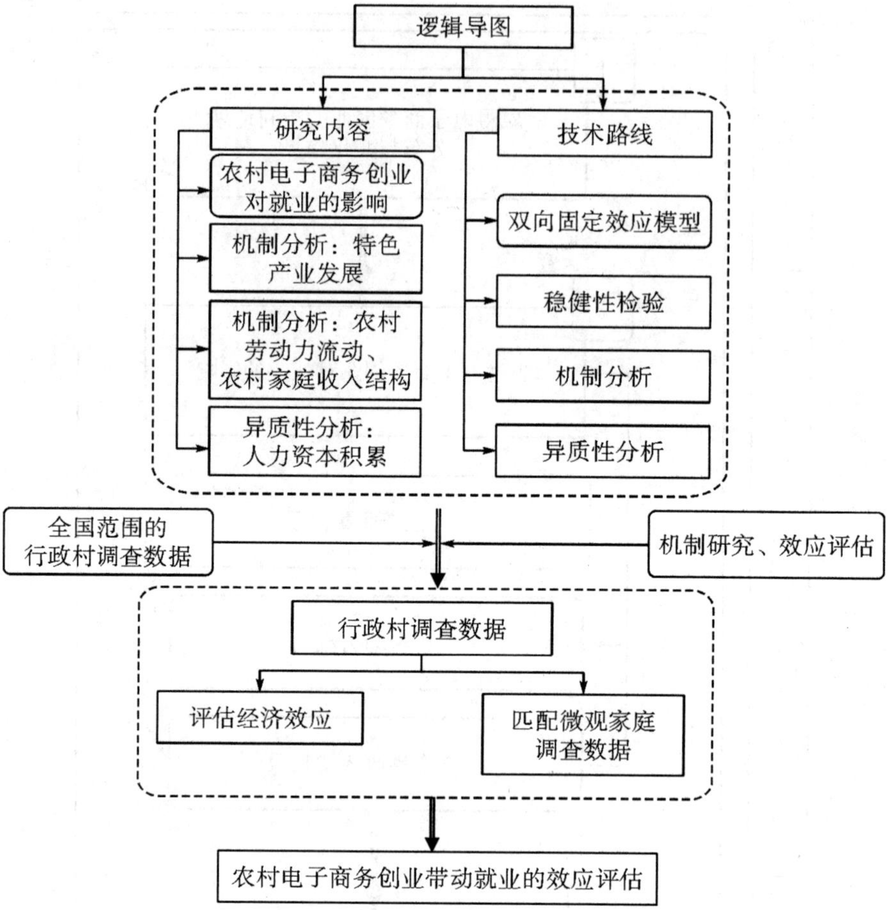

图 6-2　逻辑导图

6.1　变量定义与描述性统计

6.1.1　数据来源

要研究农村电子商务创业如何影响农村居民就业，就需要利用农村电子商务创业和家庭就业两类数据。本章所使用的微观数据来源于中国城乡治理调查（CGGS）数据和中国家庭金融调查（CHFS）数据。这两类数据由西南财经大学中国家庭金融调查与研究中心于 2017 年、2019 年在全国范围内搜集获得。样本覆盖全国 29 个省（自治区、直辖市）①，355 个县（区、县级市），1 000 多个居（村）委会。由于本章只关注农村电子商务创业对就业的影响，因此笔者只使用了农村地区的数据。

CHFS 问卷由个人与家庭问卷、社区问卷两部分组成。其中，根据社区问卷搜集的数据即中国城乡治理调查（CGGS）数据。CHFS 问卷具有以下特征：第一，家庭和个人问卷用于搜集家庭人口的统计学特征、收入、资产、消费等；第二，社区问卷用于收集社区的基本情况，如行政村户籍人口数量、大专及以上学历人口数量、通往县城中心道路数量、到所属县（区、县级市）中心的距离、地理环境等（何欣 等，2019；王奇 等，2022）。2017 年、2019 年的 CGGS 调查了行政村开展电子商务活动的家庭数量。在研究农村电子商务创业对农村家庭收入结构的影响时，笔者通过行政村代码将 CGGS 数据与 CHFS 数据进行匹配，形成行政村-家庭的数据集。

6.1.2 被解释变量

由于本章主要研究农村电子商务创业对就业的影响，因此笔者选取行政村中本地就业人数加 1 并取对数作为被解释变量。具体而言，社区问卷详细询问了行政村本地就业情况，这为本章研究本地就业提供了数据支撑。本章选取行政村特色产业吸纳就业人数作为被解释变量，为了避免极端值的影响，笔者对该变量进行了上下 1%的缩尾处理。由于行政村中无本地就业人员，因此，笔者在缩尾处理的基础上加 1 并取对数，将所得值作为最终的被解释变量。

6.1.3 解释变量

本章的主要解释变量为行政村中电子商务经营家庭的数量加 1 并取对

① 中国家庭金融调查未统计我国新疆维吾尔自治区、西藏自治区、香港特别行政区、澳门特别行政区、台湾省的有关数据。

数。CGGS 数据详细记录了行政村中电子商务经营家庭的户数，能够较好地用于度量农村电子商务发展状况。具体而言，为了避免极端值对回归结果产生影响，笔者首先对行政村中电子商务经营家庭的数量进行上下 1%的缩尾处理，其次对缩尾后的变量加 1 并取对数，以此作为本章的解释变量。综上，本章的被解释变量和解释变量均为加 1 并取对数，故回归结果的估计系数表示一种弹性的概念，即电子商务经营家庭每增加百分之一，则本地就业人数增加百分之几。

6.1.4 控制变量

参考相关文献（王奇 等，2022）的做法，本章的控制变量主要涉及行政村层面，包括常住人口数量的对数值、是否通自来水、是否通天然气、通往县城中心道路数量、大专及以上学历人数、是否有医疗服务点及到银行网点的距离。同时，笔者控制了城市固定效应和年份固定效应。

6.1.5 变量定义表

表 6-1 汇报了本章的变量定义情况。

表 6-1 变量定义

变量名	变量定义	数据来源
Ln（人均收入）	行政村人均收入的对数值	2017 年、2019 年的 CGGS 数据
是否有特色产业	该变量为虚拟变量。如果有特色产业，取 1；否则取 0	2017 年、2019 年的 CGGS 数据
Ln（特色产业吸纳就业人数+1）	对行政村特色产业吸纳就业人数进行上下 1%的缩尾处理，在此基础上加 1 并取对数。特色产业吸纳就业人数包括长期就业人数与临时就业人数	2017 年、2019 年的 CGGS 数据
Ln（电子商务经营家庭的数量+1）	对行政村电子商务经营家庭的数量进行上下 1%的缩尾处理，在此基础上加 1 并取对数	2017 年、2019 年的 CGGS 数据
Ln（常住人口数量）	对行政村常住人口数量进行上下 1%的缩尾处理，并取对数	2017 年、2019 年的 CGGS 数据

表6-1(续)

变量名	变量定义	数据来源
是否通自来水	该变量为虚拟变量。如果通自来水，取1；否则取0	2017年、2019年的CGGS数据
是否通天然气	该变量为虚拟变量。如果通天然气，取1；否则取0	2017年、2019年的CGGS数据
通往县城中心道路数量	行政村通往县城中心道路数量	2017年、2019年的CGGS数据
大专及以上学历人数	行政村中大专及以上学历人数	2017年、2019年的CGGS数据
是否有医疗服务点	该变量为虚拟变量。如果有医疗服务点，取1；否则取0	2017年、2019年的CGGS数据
到银行网点的距离	行政村到最近的银行网点的距离。该距离指从村委会出发到最近的银行网点的步行距离，而非直线距离	2017年、2019年的CGGS数据
Ln（农村家庭人均工资性收入）	农村家庭工资性收入除以家庭规模并取对数	2017年、2019年的CHFS数据
Ln（农村家庭人均农业收入）	农村家庭农业收入除以家庭规模并取对数	2017年、2019年的CHFS数据

注：CGGS中的特色产业指已经形成规模的产业，如行政村中具有代表性的文化及相关产业，包括茶叶种植、刺绣、民俗旅游等。

6.1.6 变量描述性统计

如图6-3所示，2017年行政村中特色产业吸纳就业人数为433.22人，2019年行政村中特色产业吸纳就业人数为452.14人。

如图6-4所示，2017年平均每个行政村中有5.4户家庭经营电子商务，2019年平均每个行政村中有5.7户家庭经营电子商务。

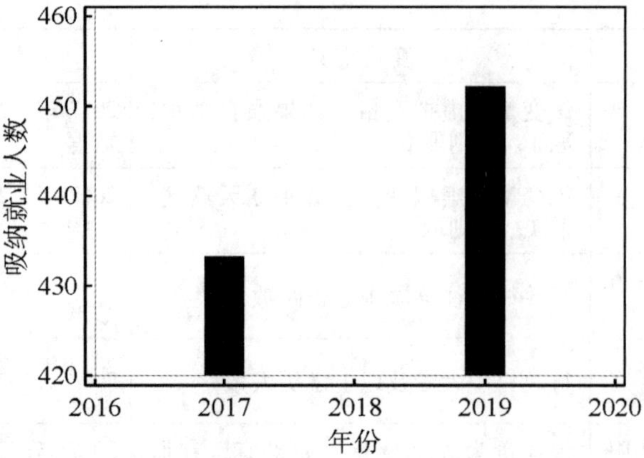

图 6-3　行政村中特色产业吸纳就业人数

数据来源：2017 年、2019 年的中国城乡治理调查。

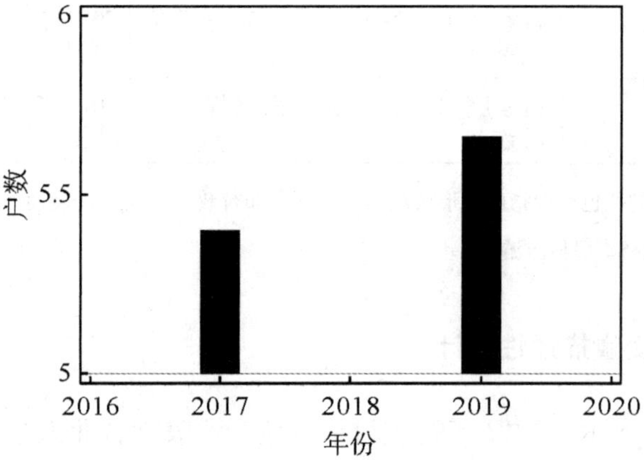

图 6-4　行政村中电子商务经营家庭的平均户数

数据来源：2017 年、2019 年的中国城乡治理调查。

变量描述性统计如表 6-2 所示。

表 6-2　变量描述性统计

变量名	样本量	均值	标准差	中位数
Ln（人均收入）	1 325	8. 826	0. 980	8. 923
是否有特色产业	1 325	0. 487	0. 500	0. 000

表6-2(续)

变量名	样本量	均值	标准差	中位数
Ln（特色产业吸纳就业人数+1）	1 325	2.214	2.734	0.000
Ln（电子商务经营家庭的数量+1）	1 325	0.802	1.180	0.000
Ln（常住人口数量）	1 325	7.206	0.943	7.314
是否通自来水	1 325	0.596	0.491	1.000
是否通天然气	1 325	0.268	0.443	0.000
通往县城中心道路数量	1 325	2.771	0.863	3.000
大专及以上学历人数	1 325	131.130	227.196	52.000
是否有医疗服务点	1 325	0.906	0.291	1.000
到银行网点的距离	1 325	5.525	19.757	3.000

数据来源：2017 年、2019 年的中国城乡治理调查数据。

从表 6-2 的变量描述性统计中我们可以发现，在样本行政村中，电子商务经营家庭的数量和特色产业吸纳就业人数均有所增加，这为本章提供了初步的分析结论。接下来本章将进一步研究农村电子商务创业对农村居民就业的影响。

表 6-3 呈现了 2017—2019 年各省（自治区、直辖市）[①] 的农村电子商务创业情况。

表 6-3　2017—2019 年各省（自治区、直辖市）的农村电子商务创业情况

省（自治区、直辖市）	年份	均值	省（自治区、直辖市）	年份	均值
上海市	2017	3.000 0	上海市	2019	6.142 9
云南省	2017	0.931 0	云南省	2019	3.388 9
内蒙古自治区	2017	0.181 8	内蒙古自治区	2019	0.906 3
北京市	2017	1.000 0	北京市	2019	2.400 0
吉林省	2017	7.378 4	吉林省	2019	0.200 0
四川省	2017	2.371 4	四川省	2019	2.933 3

① 本书未统计我国香港特别行政区、澳门特别行政区、台湾省的有关数据。

表6-3(续)

省（自治区、直辖市）	年份	均值	省（自治区、直辖市）	年份	均值
天津市	2017	0.000 0	天津市	2019	0.692 3
宁夏回族自治区	2017	4.400 0	宁夏回族自治区	2019	1.333 3
安徽省	2017	3.117 6	安徽省	2019	10.600 0
山东省	2017	6.000 0	山东省	2019	8.793 1
山西省	2017	4.000 0	山西省	2019	6.151 5
广东省	2017	6.968 8	广东省	2019	8.000 0
广西壮族自治区	2017	8.937 5	广西壮族自治区	2019	2.476 2
江苏省	2017	16.809 5	江苏省	2019	5.941 2
江西省	2017	1.000 0	江西省	2019	2.769 2
河北省	2017	10.359 0	河北省	2019	7.060 6
河南省	2017	1.619 0	河南省	2019	4.421 1
浙江省	2017	9.386 4	浙江省	2019	11.280 0
海南省	2017	1.352 9	海南省	2019	7.580 6
湖北省	2017	4.586 2	湖北省	2019	3.536 6
湖南省	2017	7.583 3	湖南省	2019	4.653 1
甘肃省	2017	0.381 0	甘肃省	2019	2.000 0
福建省	2017	11.000 0	福建省	2019	10.914 3
贵州省	2017	1.217 4	贵州省	2019	13.000 0
辽宁省	2017	5.041 7	辽宁省	2019	5.000 0
重庆市	2017	7.500 0	重庆市	2019	1.307 7
陕西省	2017	6.217 4	陕西省	2019	1.500 0
青海省	2017	0.040 0	青海省	2019	2.500 0
黑龙江省	2017	2.000 0	黑龙江省	2019	9.225 0

数据来源：根据2017年、2019年的中国城乡治理调查数据整理得到。

图6-5、图6-6、图6-7及图6-8分别汇报了2017年、2019年各省（自治区、直辖市）农村电子商务创业家庭数量的均值。我们可以发现，从2017年到2019年，大部分省（自治区、直辖市）都出现了农村电子商务创业家

庭数量增长的情况。

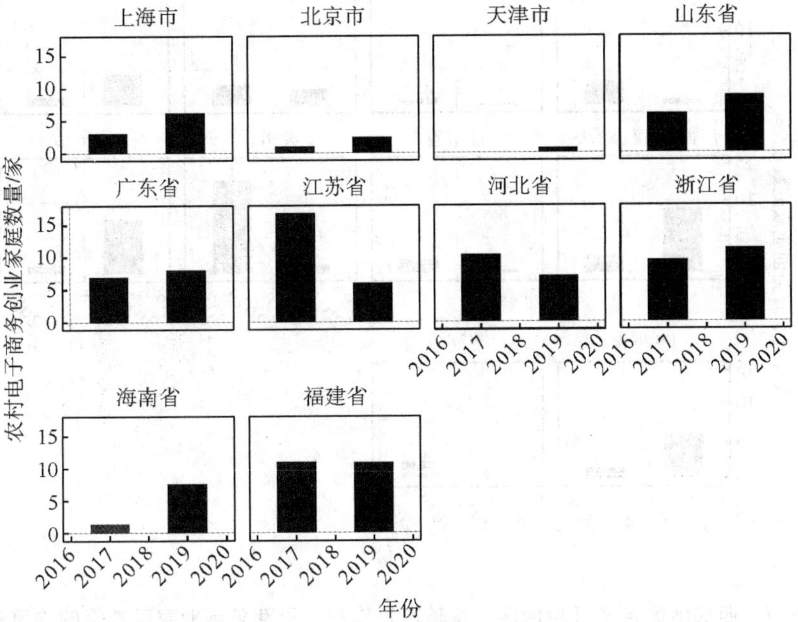

图 6-5　东部地区各省（自治区、直辖市）农村电子商务创业家庭数量的均值变化

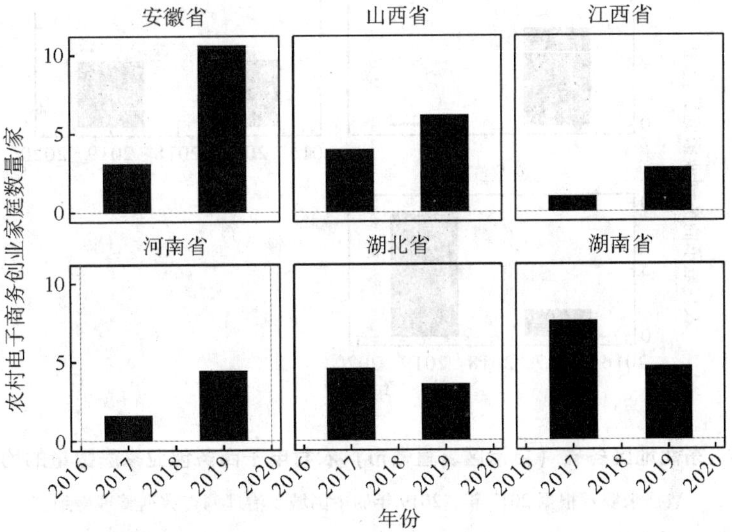

图 6-6　中部地区各省（自治区、直辖市）农村电子商务创业家庭数量的均值变化

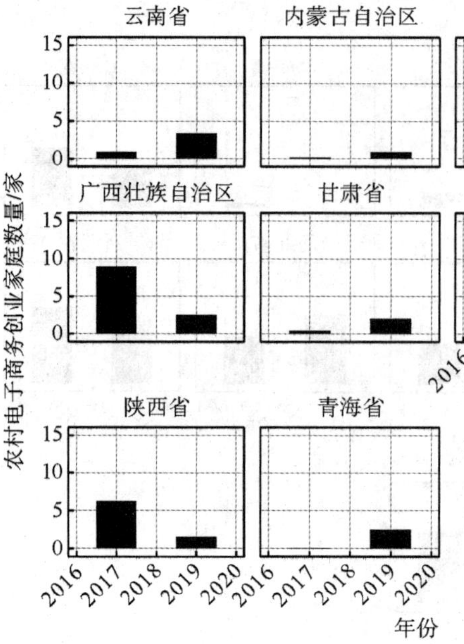

图 6-7　西部地区各省（自治区、直辖市）农村电子商务创业家庭数量的均值变化

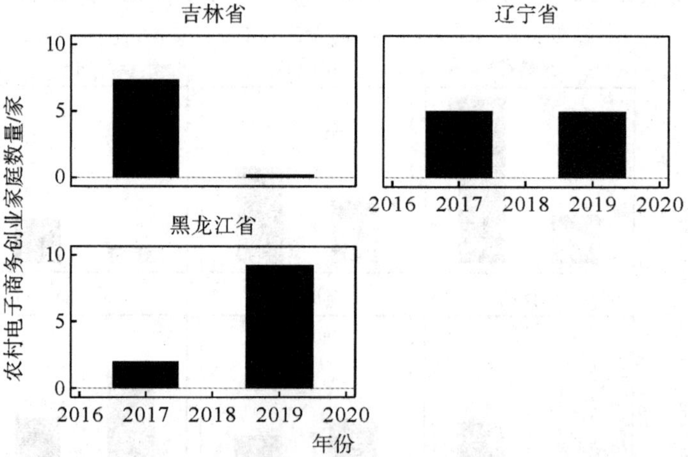

图 6-8　东北地区各省（自治区、直辖市）农村电子商务创业家庭数量的均值变化

数据来源：根据 2017 年、2019 年的中国城乡治理调查数据整理得到。

6.2 研究设计

本章使用模型（6-1）分析行政村中电子商务经营家庭的数量对吸纳就业人数的影响。

$$\text{Employment}_{\text{village}} = \alpha_1 + \beta_1 \text{Ecommerce}_{\text{village}} + \vartheta_{\text{Characteristics}} + \delta_{\text{city}} + \gamma_{\text{year}} + \varepsilon_{\text{village}} \quad (6\text{-}1)$$

其中，$\text{Employment}_{\text{village}}$为行政村中特色产业吸纳就业人数的对数值；$\text{Ecommerce}_{\text{village}}$为行政村中电子商务经营家庭的数量的对数值；$\vartheta_{\text{Characteristics}}$为行政村层面控制变量的向量，即常住人口数量的对数值、是否通自来水、是否通天然气、通往县城中心道路数量、大专及以上学历人数、是否有医疗服务点及到银行网点的距离；δ_{city}为城市固定效应，γ_{year}为年份固定效应，$\varepsilon_{\text{village}}$为随机扰动项，$\alpha_1$为常数项。为了减轻随机扰动项在地区层面的相关性，本章将标准误聚类到行政村层面。

6.3 农村电子商务创业对就业的影响

农村电子商务发展增加了劳动力需求。对此，本章将研究农村电子商务创业对就业的影响，并评估农村电子商务创业因带动就业而产生的经济效应。笔者认为，农村电子商务创业可能通过两个方面促进就业：第一，农村电子商务创业可以增加与电子商务直接相关的就业岗位，如网店运营；第二，农村电子商务创业可以增加与电子商务产业链相关的就业岗位，如快递配送。但是，目前关于农村电子商务创业影响就业的文献还较少，因此本章将对此进行研究。

表 6-4 汇报了农村电子商务创业对就业的影响。其中，列（1）展示了仅控制城市固定效应和年份固定效应的回归结果。数据表明，电子商务

经营家庭越多，则吸纳就业人数也越多，并在1%的显著水平上正相关。考虑到遗漏变量等因素会造成内生性问题，笔者在列（2）中进一步控制了行政村层面的变量，包括常住人口数量的对数值、是否通自来水、是否通天然气、通往县城中心道路数量、大专及以上学历人数、是否有医疗服务点及到银行网点的距离；同时控制了城市固定效应，即控制了城市层面不随时间推移而变化的特征；也控制了年份固定效应，即控制了年份层面的宏观冲击。回归结果依然发现，农村电子商务发展显著带动了本地就业。

根据列（2）的估计结果，总体而言，电子商务经营家庭每增加1%，则吸纳就业人数增加39.82%；平均每个行政村的电子商务创业家庭数量为5.538户，吸纳就业人数为445人。经测算，每增加一户农村电子商务创业家庭，将促进32人就业。

表6-4 农村电子商务创业与就业

变量名	（1）	（2）
	Ln（特色产业吸纳就业人数）	Ln（特色产业吸纳就业人数）
Ln（电子商务经营家庭的数量+1）	0.4297*** （0.0655）	0.3982*** （0.0711）
Ln（常住人口数量）		0.2092** （0.1021）
是否通自来水		−0.0287 （0.1700）
是否通天然气		−0.1154 （0.1962）
通往县城中心道路数量		0.0275 （0.0922）
大专及以上学历人数		−0.0001 （0.0004）
是否有医疗服务点		0.2647 （0.2735）
到银行网点的距离		−0.0027 （0.0034）

表6-4(续)

变量名	(1)	(2)
	Ln（特色产业吸纳就业人数）	Ln（特色产业吸纳就业人数）
城市固定效应	控制	控制
年份固定效应	控制	控制
样本量	1 481	1 325
调整后的 R^2	0. 116 1	0. 117 1

注：*、** 和 *** 分别表示在 10%、5%和 1%的统计水平上显著，括号内为聚类到行政村层面的稳健标准误。

6.4 稳健性检验

笔者将利用平衡面板数据，通过双向固定效应模型来缓解遗漏变量带来的内生性问题。在前文中，基本回归分析使用了 2017 年、2019 年的中国城乡治理调查数据，而具体回归分析控制了行政村层面的变量及城市固定效应和年份固定效应。由于行政村层面不随时间推移而变化的不可观测的因素会对就业产生影响，如家族文化、风俗习惯等会作用于地区创业行为和家庭就业行为，因此如果遗漏这些变量，那么回归结果可能发生偏差。为了尽可能得到无偏差的估计结果，笔者进一步控制了行政村固定效应和年份固定效应，以进行稳健性检验。其中，年份固定效应控制了年份层面的宏观冲击，行政村固定效应控制了行政村层面不随时间推移而变化的特征。在这一严格的控制条件下，笔者将使用平衡面板数据进行回归分析。具体而言，笔者利用模型（6-2）估计行政村电子商务创业对就业的影响。

$$\text{Employment}_{\text{village}} = \alpha_1 + \beta_1 \text{Ecommerce}_{\text{village}} + \vartheta_{\text{Characteristics}} + \delta_{\text{village}} + \gamma_{\text{year}} + \varepsilon_{\text{village}} \quad (6-2)$$

其中，δ_{village}为行政村固定效应，$\text{Employment}_{\text{village}}$为行政村中特色产业吸纳

就业人数的对数值；$Ecommerce_{village}$为行政村中电子商务经营家庭的数量的对数值；$\vartheta_{Characteristics}$为行政村层面控制变量的向量，即常住人口数量的对数值、是否通自来水、是否通天然气、通往县城中心道路数量、大专及以上学历人数、是否有医疗服务点及到银行网点的距离；γ_{year}为年份固定效应，$\varepsilon_{village}$为随机扰动项，α_1为常数项。为了减轻随机扰动项在地区层面的相关性，本章将标准误聚类到行政村层面。笔者利用2017年、2019年的中国城乡治理调查的平衡面板数据，同时剔除行政村层面控制变量的缺失值，一共得到492个样本行政村的数据。

表6-5汇报了模型（6-2）的回归结果。其中，列（1）表示仅控制行政村固定效应和年份固定效应的双向固定效应模型的回归结果；列（2）为在列（1）的基础上，进一步控制行政村特征变量的结果。回归结果均表明，行政村电子商务发展显著促进了本地就业。

表6-5 稳健性检验

变量名	(1)	(2)
	Ln（特色产业吸纳就业人数）	Ln（特色产业吸纳就业人数）
Ln（电子商务经营家庭的数量+1）	0.481 7***	0.354 3**
	(0.126 2)	(0.137 6)
行政村特征变量	未控制	控制
行政村固定效应	控制	控制
年份固定效应	控制	控制
样本量	618	498
调整后的 R^2	0.059 8	0.048 8

注：*、**和***分别表示在10%、5%和1%的统计水平上显著，括号内为聚类到行政村层面的稳健标准误。

6.5 机制分析：特色产业发展

将返乡创业农民工的技术与本地特色资源、产业基础相结合，发展特色产业，形成特色产业集群是乡村产业振兴的关键（周振华，2003；苏毅清 等，2016；韩永辉 等，2017）。因此，下面笔者将检验农村电子商务创业是否有助于形成特色产业集群，从而促进农民工就业。

本章将行政村是否有特色产业集群作为被解释变量，研究农村电子商务发展对特色产业集群的影响。利用本章的基准回归模型进行分析，得出的结果在1%的统计水平上显著（见表6-6），即农村电子商务发展显著促进了该地区形成特色产业集群。

根据产业集群理论，我们可知，电子商务创业形成的特色产业集群可以带来外部规模经济，即产生信息外溢效应，提供共享中间品及本地专用性劳动力市场。原因如下：首先，电子商务创业家庭的集聚有利于电子商务方面的运营知识、销售知识及直播知识在创业家庭间传播和应用；其次，电子商务发展所形成的特色产业集群有助于该产业专用的中间投入品的生产，从而降低生产成本；最后，特色产业集群汇集了专用性劳动力，不仅有助于降低失业率，而且有助于增加电子商务企业的劳动力供给。

表6-6 农村电子商务发展与特色产业集群

变量名	(1)	(2)
	特色产业集群	特色产业集群
Ln（电子商务经营家庭的数量+1）	0.050 1*** (0.011 5)	0.048 4*** (0.012 8)
行政村特征变量	未控制	控制
城市固定效应	控制	控制
年份固定效应	控制	控制

表6-6(续)

变量名	(1) 特色产业集群	(2) 特色产业集群
样本量	1 481	1 325
调整后的 R^2	0. 068 8	0. 059 8

注：*、** 和 *** 分别表示在 10%、5%和 1%的统计水平上显著，括号内为聚类到行政村层面的稳健标准误。

6. 6 就业效果

下面，笔者将从农村电子商务创业引起农村劳动力流动和农村家庭收入结构变化的角度进行分析。第 5 章的研究发现，返乡创业政策的实施有助于促进县域电子商务创业，而本章的研究发现，农村电子商务创业有助于促进农村居民就地就业，那么这带来了一个问题，即农村电子商务创业是否减少了农村劳动力外流。下文将对此展开深入分析。

6. 6. 1 农村电子商务创业与农村劳动力流动

本章将使用 2017 年的中国城乡治理调查问卷中的问题“与 2015 年相比，2016 年本村外出务工劳动力是增长还是下降?”及 2019 年的中国城乡治理调查问卷中的问题“与 2016 年相比，2017 年本村外出务工劳动力是增长还是下降?”来设定农村劳动力流动的变量。相关变量具体定义如下：如果受访者的答案为大幅增加、略有增加、基本不变，则定义为农村劳动力外出，赋值为 1；如果受访者的答案为略有下降、大幅下降，则定义为农村劳动力留在本地，赋值为 0。其中，“外出”指不在户口所在地或家庭常住地工作。

表 6-7 汇报了农村电子商务创业对农村劳动力流动的影响。列（1）展示了控制城市固定效应和年份固定效应后，农村电子商务创业对农村劳

动力流动的影响；列（2）为在列（1）的基础上，进一步控制行政村特征变量后的结果，即控制常住人口数量的对数值、是否通自来水、是否通天然气、通往县城中心道路数量、大专及以上学历人数、是否有医疗服务点及到银行网点的距离等变量。回归结果均显示，农村电子商务创业显著减少了农村劳动力外流。这间接证明了农村电子商务创业促进了农村居民就地就业，从而减少农村劳动力外出务工的情况。

表 6-7　农村电子商务创业与农村劳动力流动

变量名	(1)	(2)
	农村劳动力流动	农村劳动力流动
Ln（电子商务经营家庭的数量+1）	-0.022 1** (0.009 8)	-0.025 3** (0.011 4)
行政村特征变量	未控制	控制
城市固定效应	控制	控制
年份固定效应	控制	控制
样本量	1 478	1 323
调整后的 R^2	0.035 2	0.056 6

注：*、** 和 *** 分别表示在 10%、5%和 1%的统计水平上显著，括号内为聚类到行政村层面的稳健标准误。

6.6.2　农村电子商务创业与农村家庭收入结构变化

有研究表明，通过产业融合，催生新产业新业态，创造就近就业机会，是农村居民实现非农就业、提升收入的重要途径（陈锡文，2018）。本地就业使得农村居民能够从私营企业获得工资，从而提升家庭人均工资性收入。依据这一思路，本章将进一步研究农村电子商务创业对农村家庭收入结构的影响。

本章使用 2017 年、2019 年的中国城乡治理调查数据及中国家庭金融调查数据研究农村电子商务创业对农村居民收入增长及农村家庭收入结构的影响。表 6-8 汇报了回归结果。其中，列（1）表示在控制城市固定效应和年份固定效应后，农村电子商务创业对农村居民人均收入的影响；列(2) 为在列 (1) 的基础上，进一步控制行政村特征变量后的结果，即控制常住人口数量的对数值、是否通自来水、是否通天然气、通往县城中心道路数量、大专及以上学历人数、是否有医疗服务点及到银行网点的距离等变量。回归结果依然显示，农村电子商务创业显著增加了农村居民人均收入。

表 6-8　农村电子商务创业与农村居民人均收入

变量名	(1)	(2)
	Ln（农村居民人均收入）	Ln（农村居民人均收入）
Ln（电子商务经营家庭的数量+1）	0.127 6***	0.074 4***
	(0.023 7)	(0.024 9)
行政村特征变量	未控制	控制
城市固定效应	控制	控制
年份固定效应	控制	控制
样本量	1 479	1 325
调整后的 R^2	0.115 9	0.139 6

注：*、** 和 *** 分别表示在 10%、5%和 1%的统计水平上显著，括号内为聚类到行政村层面的稳健标准误。

进一步地，笔者将农村家庭收入分为工资性收入、经营性收入、财产性收入及转移性收入。根据 2019 年的中国统计年鉴数据，在 2018 年的中国农村家庭收入构成中，工资性收入约占总收入的 41%，经营性收入约占总收入的 37%，财产性收入约占总收入的 2%，转移性收入约占总收入的 20%（见图 6-9）。如果农村电子商务创业通过形成特色产业集群来减少农村劳动力外流，从而带动本地就业，那么其应该能促进农村居民人均收入的增加，并主要通过提升农村家庭人均工资性收入来提升农村家庭总收入。基于此，本章将中国农村家庭收入分为工资性收入、农业收入、财产性收入和转移性收入。

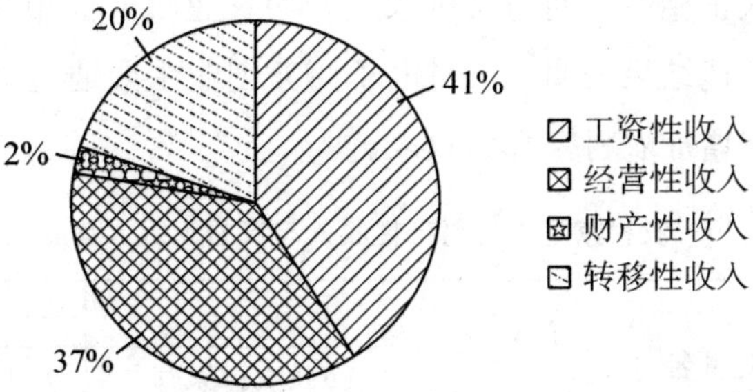

图 6-9　2018 年中国农村家庭收入构成

注：数据来源于 2019 年的中国统计年鉴。

表 6-9 汇报了农村电子商务创业对农村家庭人均工资性收入和农村家庭人均转移性收入的影响。回归结果发现，农村电子商务创业显著促进了农村家庭人均工资性收入的增加，这与上述研究假设一致。列（2）的结果显示，农村电子商务创业与农村家庭人均转移性收入之间的关系不显著。

表 6-9　农村家庭人均工资性收入与农村家庭人均转移性收入

变量名	(1)	(2)
	Ln（农村家庭人均工资性收入）	Ln（农村家庭人均转移性收入）
Ln（电子商务经营家庭的数量+1）	0.050 1**	−0.009 6
	(0.024 9)	(0.015 5)
户主特征变量	控制	控制
行政村特征变量	控制	控制
县域固定效应	控制	控制
年份固定效应	控制	控制
样本量	22 016	17 257
调整后的 R^2	0.392 4	0.188 6

注：*、** 和 *** 分别表示在 10%、5%和 1%的统计水平上显著。

表 6-10 汇报了农村电子商务创业对农村家庭人均财产性收入和农村家庭人均农业收入的影响。回归结果发现，农村电子商务创业与农村家庭

人均财产性收入正相关，而与农村家庭人均农业收入负相关，但两者都不具有显著性。上述结果表明，农村电子商务创业主要通过提升农村家庭人均工资性收入来增加农村家庭总收入。

表 6-10　农村家庭人均财产性收入与农村家庭人均农业收入

变量名	(1)	(2)
	Ln（农村家庭人均财产性收入）	Ln（农村家庭人均农业收入）
Ln（电子商务经营家庭的数量+1）	0. 024 8 (0. 017 2)	-0. 026 2 (0. 024 2)
户主特征变量	控制	控制
行政村特征变量	控制	控制
县域固定效应	控制	控制
年份固定效应	控制	控制
样本量	22 016	17 257
调整后的 R^2	0. 392 4	0. 188 6

注：*、** 和 *** 分别表示在 10%、5%和 1%的统计水平上显著。

6.7　本章小结

本章利用 2017 年、2019 年的中国城乡治理调查数据和中国家庭金融调查数据进行研究，发现农村电子商务创业显著促进了农村居民就地就业。这一结论在控制年份固定效应、行政村固定效应及行政村特征变量后依然稳健。机制分析发现，农村电子商务创业有助于形成特色产业集群，减少农村劳动力外流。进一步的研究表明，农村电子商务创业有助于农村居民在私营企业就业并获得工资，从而提升农村家庭人均工资性收入，进而提升农村家庭总收入。综上，农村电子商务创业有助于促进农村居民就地就业，形成以创业带动就业的局面，从而达到稳就业的目的。本章的研究能为实现共同富裕提供经验证据。本章的政策建议如下：

第一，相关部门应以供给侧结构性改革为指导，优化乡村产业结构，促进乡村特色产业发展。农村地区时常出现农产品供给质量不高、不能满足城市居民消费需要、价格低廉、供过于求的情况，因此，相关部门应不断深化供给侧结构性改革，促进农村地区提高农产品质量，优化特色产品。此外，本书的研究发现，电子商务创业形成的特色产业集群有助于吸纳本地劳动力就业。因此，相关部门应引导返乡人员在创业时利用电子商务平台拓宽销售渠道，促进产业集聚，实现协同发展；同时，应鼓励返乡人员将创业与当地资源开发相结合，积极培育就业带动能力强、收入提升效果显著的特色产业。

第二，相关部门应注重农村电子商务创业，加强农村电子商务人才储备。本书的研究表明，农村电子商务创业可以帮助农村劳动力实现就地就业，达到创业带动就业的目的。因此，农村地区在电子商务人才储备方面应通过项目培育培养一批领军人才，打造一支爱农村、懂电子商务创业的专业技术人才队伍，为发展农村电子商务奠定基础。农村地区应以返乡创业人员为抓手，积极开展电子商务培训，强化政策支持，加强创业载体建设；应建立人才引进、激励和保障体系，加大实用人才引进力度，促进其返乡创业，为大学生、农业科技人员、技术紧缺人才提供创业补贴，建立完善的服务保障制度。

第 7 章　农村电子商务创业与农村家庭消费

促进农村家庭消费是加快建设完善内需体系的重要措施。2020 年 2 月，国家发展和改革委员会、中央宣传部、教育部、工业和信息化部等 23 个部门联合印发了《关于促进消费扩容提质 加快形成强大国内市场的实施意见》（发改就业〔2020〕293 号），明确提出，建设城乡融合消费网络、加快构建“智能+”消费生态体系、持续提升居民消费能力、全面营造放心消费环境。2020 年 7 月，国家发展和改革委员会、中央网信办等 13 部门联合印发了《关于支持新业态新模式健康发展激活消费市场带动扩大就业的意见》（发改高技〔2020〕1157 号），提出积极探索线上服务新模式，激发消费新市场；加快推进产业数字化转型，壮大实体经济新动能；鼓励发展新个体经济，开辟消费和就业新空间。因此，刺激农村家庭消费对促进全面乡村振兴具有重要意义。

近年来，关于促进农村家庭消费的文献主要从数字普惠金融发展、宽带基础设施建设、互联网使用及农村电子商务平台的兴起等视角进行研究（易行健 等，2018；张勋 等，2020；祝仲坤，2020；Couture et al.，2021）。王奇等（2022）从农村电子商务服务点建设的视角出发进行研究，发现农村电子商务服务点通过减少交易障碍和降低贸易成本两个方面促进农村居民利用互联网进行消费，该研究结论与本章的研究结论相似。但与该研究的分析视角不同，本章将从农村电子商务创业的视角研究其对农村家庭消费的影响。具体而言，与上述文献重点考察交易障碍等作用机制不同，本章将主要关注农村电子商务创业通过提升农村家庭总收入来刺激农村家庭消费这一影响机制。

要持续激发农村居民的消费潜力，就必须不断提升农村居民的收入。农村电子商务创业可以通过以下两个方面促进农村家庭消费：第一，农村电子商务创业可以促进农村居民就地就业，提高农村家庭收入，进而促进农村家庭消费；第二，农村电子商务创业可以降低信息搜寻成本、企业运营成本及固定成本，促进专业化分工，从而增加交易量。较低的交易成本有利于产品多样化。电子商务平台通过减少市场分割，不仅使互联网卖家可以进入更大的市场，而且使消费者可以从商品竞争中享受优惠价格，这间接提升了农村家庭的可支配收入，从而促进农村家庭消费。因此，农村电子商务创业可以通过提升农村家庭总收入直接刺激农村家庭消费，以及通过降低消费品价格间接促进农村家庭消费。范等（Fan et al., 2018）基于多地区的一般均衡模型和城市层面的数据进行研究，发现淘宝等电子商务平台的发展对偏远地区的消费者的福利改善程度更高。库蒂尔等（Couture et al., 2021）利用8个县的数据进行分析，发现淘宝等电子商务平台的进入降低了部分农村人口的生活成本，但从整体而言，影响较小。

基于2017年、2019年的中国家庭金融调查数据，在控制家庭固定效应、年份固定效应、户主特征变量和家庭特征变量后，本章的研究发现，农村电子商务创业显著促进了农村家庭消费。机制分析发现，农村电子商务创业主要通过提升农村家庭人均工资性收入来促进农村家庭消费。异质性分析发现，对户主年龄较大、户主为女性、收入较低、距所在城市中心较远的家庭而言，农村电子商务创业对其消费的促进作用较大。进一步地，笔者将农村家庭消费分为生存型消费和享受型消费，发现农村电子商务创业对享受型消费的促进作用较大，而对生存型消费的提升作用不明显。同时，本章发现，农村电子商务创业减轻了家庭消费不平等，有助于均衡家庭消费水平。此外，基于中国县域数字乡村指数进行研究，笔者发现，农村电子商务发展对每亿元社会消费品零售总额中线上消费金额占比、人均线上生活消费订单数、人均线上生活消费金额和乡村生活数字化指数等都有明显的提升作用，且这一作用在人口规模较小、地形起伏较大的地区更为显著。这表明，农村电子商务创业程度的提升降低了当地贸易成本，并对受到人口、地形等因素限制的地区产生更大的消费边际效应。

本章的边际贡献主要体现在以下几个方面：

第一，本章拓展了有关农村电子商务创业促进农村家庭消费的研究。已有文献主要从单一电子商务平台发展的角度对农村家庭消费进行研究，如关注淘宝等电子商务平台的引入对农村家庭消费的影响（Luo et al.，2019；Couture et al.，2021）。本章利用中国县域数字乡村指数分析了农村电子商务创业对数字消费及乡村数字生活指数的影响。

第二，本章丰富了有关消费不平等的研究。已有关于消费不平等的研究主要关注城市内部消费不平等（Fan et al.，2018），以及城乡消费不平等，而较少关注农村内部消费不平等（王奇 等，2022）。本章在已有文献的基础上，进一步测算了农村家庭消费不平等，并考察了农村电子商务创业对农村内部消费不平等的影响，发现农村电子商务创业有助于减轻农村内部消费不平等。因此，本章的结论为减轻农村地区的消费不平等提供了新的实证研究视角。

第三，本章丰富了有关数字经济的研究。已有文献主要从互联网普及、数字普惠金融发展等角度研究其对农村家庭消费的影响，而较少从农村电子商务创业的视角出发研究其对农村家庭消费的影响。本章关注农村家庭的电子商务创业行为，因为其可能对农村家庭消费产生影响。

第四，本章的研究具有一定的政策参考意义。我国农村家庭的消费需求巨大，但是由于优质商品供给不足，因此农村家庭的消费潜力未得到充分释放。随着基础设施建设的不断完善、物流配送体系的逐步健全，农村家庭的消费能力将持续得到提升。本章的研究发现，随着农村电子商务发展水平的不断提高，农村家庭的消费需求将显著提升。这对全面促进消费、加快消费提质升级具有重要的现实意义。另外，国外的研究较少关注发展中国家如何促进农村地区消费。在过去的几年中，我国出台了多项政策措施，为农村电子商务健康发展保驾护航，这为其他发展中国家提升农村地区消费水平、减轻农村内部消费不平等提供了中国经验。

7.1 变量定义与描述性统计

7.1.1 被解释变量

第一，本章主要研究农村电子商务创业对农村家庭消费的影响，因此被解释变量包括农村家庭人均总消费、农村家庭人均生存型消费及农村家庭人均享受型消费。

第二，本章利用中国县域数字乡村指数研究农村电子商务创业对县域线上消费的影响，因此被解释变量还包括每亿元社会消费品中线上消费金额占比、人均线上生活消费订单数、人均线上生活消费金额、乡村生活数字化指数。根据北京大学新农村发展研究院与阿里研究院联合编制的中国县域数字乡村指数，笔者对以上变量定义如下：

①每亿元社会消费品零售总额中线上消费金额占比指线上消费金额除以社会消费品零售总额。其中，线上消费金额指消费者当年在淘宝或天猫等电子商务平台上的消费金额，社会消费品零售总额指企业（单位、个体户）通过交易直接销售给个人、社会集团非生产、非经营用的实物商品金额，以及提供餐饮服务所取得的收入金额。

②人均线上生活消费订单数指使用支付宝缴纳水费、电费、燃气费、有线电视费、固话费、宽带费、物业费等的订单数量。

③人均线上生活消费金额指使用支付宝缴纳水费、电费、燃气费、有线电视费、固话费、宽带费、物业费等的金额。

④乡村生活数字化指数为一级指数，主要包括数字消费指数、数字文旅教卫指数及数字生活服务指数。

第三，本章研究了农村电子商务创业对农村消费不平等的影响。笔者利用中国家庭金融调查数据计算农村家庭的消费基尼系数，从而构建农村消费不平等指数。

7.1.2 解释变量

本章的解释变量为农村电子商务创业，主要从两个方面进行评估：一是行政村中电子商务经营家庭的数量，二是县域淘宝村占县域行政村的比重。其中，县域淘宝村的数据来源于阿里研究院。淘宝村指在农村地区，以行政村为单元，活跃网店数量达 100 家或活跃网店数量达到当地家庭户数的 10%，电子商务年交易额超过 1 000 万元的村庄。

7.1.3 控制变量

参考已有研究，本章控制了多个影响农村家庭消费的变量。在使用行政村-家庭数据集进行研究时，笔者首先控制了户主层面和家庭层面的变量，如户主年龄、户主性别、户主受教育年限、户主婚姻状况、户主健康状况、家庭总收入；其次，笔者控制了行政村特征变量，如常住人口的对数值、通往县城中心道路数量；最后，笔者控制了家庭固定效应和年份固定效应，这一方面控制了行政村家庭层面不随时间推移而变化的不可观测的因素，另一方面控制了年份层面的宏观冲击。变量定义具体如表 7-1 所示。

表 7-1 变量定义

变量名	变量定义	数据来源
农村家庭人均总消费	农村家庭总消费除以农村家庭规模并取对数值	2017 年、2019 年的中国家庭金融调查
农村家庭人均生存型消费	农村家庭生存型消费除以农村家庭规模并取对数值。其中，农村家庭生存型消费主要包括伙食费，水、电、气费，日用品消费，本地交通费，房屋修缮支出	2017 年、2019 年的中国家庭金融调查

表7-1(续)

变量名	变量定义	数据来源
农村家庭人均享受型消费	农村家庭享受型消费除以农村家庭规模并取对数值。其中，农村家庭享受型消费主要包括个人护理支出、文化娱乐支出、电脑等消费品支出、装修支出、教育培训支出、旅游支出、保健服务支出等	2017 年、2019 年的中国家庭金融调查
电子商务经营家庭的数量	在对行政村中电子商务经营家庭的数量进行上下 1%的缩尾处理的基础上加 1 并取对数值	2017 年、2019 年的中国家庭金融调查
户主年龄	户主年龄	2017 年、2019 年的中国家庭金融调查
户主性别	户主性别为虚拟变量。若为男性，则取 1；若为女性，则取 0	2017 年、2019 年的中国家庭金融调查
户主受教育年限	根据中国家庭金融调查问卷，户主受教育年限设定为：没上过学为 0 年，小学毕业为 6 年，初中毕业为 9 年，高中毕业为 12 年，中专毕业为 13 年，大专毕业为 15 年，本科毕业为 16 年，硕士毕业为 19 年，博士毕业为 22 年	2017 年、2019 年的中国家庭金融调查
户主婚姻状况	户主婚姻状况为虚拟变量。如果已婚，则取 1，否则取 0	2017 年、2019 年的中国家庭金融调查
户主健康状况	户主健康状况为虚拟变量。对中国家庭金融调查问卷中选择非常好、很好、好定义为身体健康，取 1；对选择一般或不好定义为身体不健康，取 0	2017 年、2019 年的中国家庭金融调查
Ln（农村家庭总收入）	对农村家庭总收入取对数	2017 年、2019 年的中国家庭金融调查
Ln（常住人口数量）	对行政村常住人口数量取对数。其中，常住人口包括居住在本行政村且户口也在本行政村的人、居住在本行政村且离开户口登记地所在行政村半年以上的人、户口在本行政村且外出不满半年的人	2017 年、2019 年的中国城乡治理调查
通往县城中心道路数量	本行政村通往县城中心道路数量。其中，道路指能够通车的马路	2017 年、2019 年的中国城乡治理调查

表7-1(续)

变量名	变量定义	数据来源
每亿元社会消费品零售总额中线上消费金额占比	每亿元社会消费品零售总额中线上消费金额占比	北京大学新农村发展研究院与阿里研究院联合编制的中国县域数字乡村指数
人均线上生活消费订单数	农村居民人均线上生活消费订单数	北京大学新农村发展研究院与阿里研究院联合编制的中国县域数字乡村指数
人均线上生活消费金额	农村居民人均线上生活消费金额	北京大学新农村发展研究院与阿里研究院联合编制的中国县域数字乡村指数
乡村生活数字化指数	乡村生活数字化指数主要包括数字消费指数、数字文旅教卫指数、数字生活服务指数	北京大学新农村发展研究院与阿里研究院联合编制的中国县域数字乡村指数
县域淘宝村占比	县域淘宝村数量除以县域行政村总数	根据阿里研究院的中国淘宝村报告和全国行政村名单计算得到
Ln(地区生产总值)	对县域地区生产总值进行上下1%的缩尾处理，并取对数	县域统计年鉴
Ln(户籍人口)	对县域户籍人口进行上下1%的缩尾处理，并取对数	县域统计年鉴
Ln(年末贷款余额)	对县域年末贷款余额进行上下1%的缩尾处理，并取对数	县域统计年鉴
Ln(一般公共预算支出)	对县域一般公共预算支出进行上下1%的缩尾处理，并取对数	县域统计年鉴
Ln(普通中学在校学生人数)	对县域普通中学在校学生人数进行上下1%的缩尾处理，并取对数	县域统计年鉴
县域地形起伏度		先进星载热发射和反射辐射仪全球数字高程模型(ASTER Global Digital Elevation Model NetCDF V003)

7.1.4 变量描述性统计

如表 7-2 所示，农村家庭人均总消费对数值的均值为 8.591，农村家庭人均生存型消费对数值的均值为 8.205，农村家庭人均享受型消费对数值的均值为 5.457，行政村中电子商务经营家庭的数量对数值的均值为 0.303，户主年龄平均为 52.738 岁，户主受教育年限平均为 7.353 年。

如表 7-3 所示，每亿元社会消费品零售总额中线上消费金额占比的均值为 42.391%，人均线上生活消费订单数的均值为 49.442 单，人均线上生活消费金额的均值为 51.264 元。

表 7-2 描述性统计（1）

变量	样本量	均值	标准差	中位数
农村家庭人均总消费	23 613	8.591	1.163	8.753
农村家庭人均生存型消费	23 613	8.205	0.975	8.279
农村家庭人均享受型消费	23 613	5.457	3.120	6.439
电子商务经营家庭的数量	23 613	0.303	0.822	0.000
户主年龄	23 613	52.738	9.812	53.000
户主性别	23 613	0.898	0.303	1.000
户主受教育年限	23 613	7.353	3.253	9.000
户主婚姻状况	23 613	0.741	0.438	1.000
户主健康状况	23 613	0.326	0.469	0.000
农村家庭总收入	23 613	9.747	2.012	10.181
常住人口数量	23 613	7.203	0.900	7.314
通往县城中心道路数量	23 613	2.571	0.781	2.000

注：数据来源于 2017 年、2019 年的中国家庭金融调查。

表 7-3 描述性统计（2）

变量	样本量	均值	标准差	中位数
每亿元社会消费品零售总额中线上消费金额占比	1 834	42.391	28.472	40.279

表7-3(续)

变量	样本量	均值	标准差	中位数
人均线上生活消费订单数	1 834	49.442	30.198	55.661
人均线上生活消费金额	1 834	51.264	29.878	53.695
乡村生活数字化指数	1 834	45.195	13.833	44.975
县域淘宝村占比	1 834	4.011	15.257	0.000
Ln（地区生产总值）	1 834	13.940	1.100	14.007
Ln（户籍人口）	1 834	12.730	0.954	12.872
Ln（年末贷款余额）	1 834	13.551	1.158	13.657
Ln（一般公共预算支出）	1 834	12.634	0.625	12.659
Ln（普通中学在校学生人数）	1 834	9.583	1.051	9.755

注：数据来源于北京大学新农村发展研究院与阿里研究院联合编制的中国县域数字乡村指数。

图 7-1 描述了 2013—2019 年我国农村家庭总消费对数值的均值变化情况。从图 7-1 中我们可以发现，农村家庭消费额度在逐年攀升。

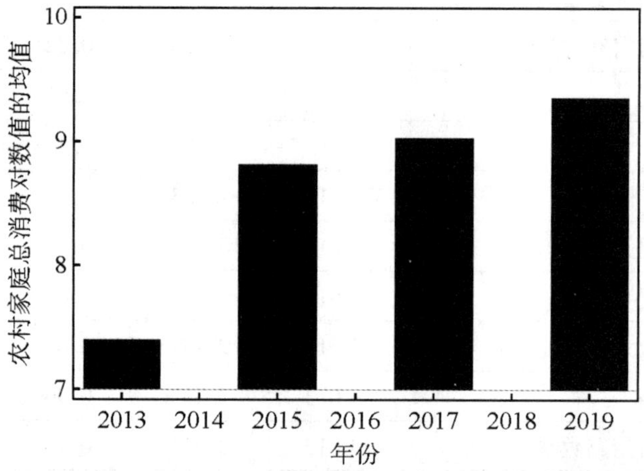

图 7-1　2013—2019 年农村家庭总消费对数值的均值

数据来源：根据中国家庭金融调查数据计算得到。

7.2 研究设计

本章使用模型（7-1）分析行政村中电子商务经营家庭的数量对农村家庭消费的影响。

$$\text{Consumption}_{\text{household}} = \alpha_1 + \beta_1 \text{Ecommerce}_{\text{village}} + \vartheta_{\text{Characteristics}} + \delta_{\text{village}} + \gamma_{\text{year}} + \varepsilon_{\text{village}} \quad (7-1)$$

其中，$\text{Consumption}_{\text{household}}$ 为行政村中家庭人均消费的对数值；$\text{Ecommerce}_{\text{village}}$ 为行政村中电子商务经营家庭的数量的对数值；$\vartheta_{\text{Characteristics}}$ 为行政村层面控制变量的向量，即常住人口数量的对数值、通往县城中心道路数量等；δ_{city} 为村级固定效应，γ_{year} 为年份固定效应，$\varepsilon_{\text{village}}$ 为随机扰动项，α_1 为常数项。为了减轻随机扰动项在家庭层面的相关性，本章将标准误聚类到行政村层面。

7.3 农村电子商务创业对农村家庭消费的影响研究

在本章，笔者将研究农村电子商务创业对农村家庭消费的影响。首先，农村电子商务创业有助于增加农村家庭的人均消费，该结论在严格的家庭固定效应下依然成立。其次，收入是消费的决定性影响因素，而农村电子商务发展可能通过提升农村家庭人均收入水平来刺激农村居民消费。再次，由于不同农村家庭的户主在年龄、性别、受教育年限、收入、居住地等方面具有不同的特征，因此农村电子商务发展在提升农村家庭整体消费水平的同时，会对不同家庭的消费产生异质性影响。此外，农村家庭的消费呈现出结构性差异，如按类型的不同可以分为生存型消费和享受型消费，按场景的不同可以分为数字消费和传统消费，而农村电子商务发展可能对不同的消费类型产生不同的影响。最后，农村内部消费不平等是扩大内需、助力内循环的阻碍，而农村电子商务发展能通过减少偏远山区、农村地区的购物障碍来拉动消费，从而减轻农村内部消费不平等。

7.3.1 农村电子商务创业对农村家庭消费的影响

表 7-4 汇报了农村电子商务创业对农村家庭人均总消费的影响。列（1）仅控制了行政村固定效应和年份固定效应，发现行政村中电子商务经营家庭的数量对农村家庭人均总消费在 10%的统计水平上具有显著的正向影响。列（2）在列（1）的基础上进一步控制了家庭层面的变量，包括户主年龄、户主性别、户主受教育年限、户主婚姻状况、户主健康状况、农村家庭总收入等，发现农村电子商务创业对农村家庭人均总消费的影响依然显著为正，且经济显著性和统计显著性均有所增强。列（3）在列（2）的基础上控制了常住人口数量和通往县城中心道路数量，数据显示结论仍然不变。以上结果说明，农村电子商务创业显著提升了农村家庭人均消费水平，这验证了农村电子商务发展对农村家庭消费的整体促进效应。

表 7-4 农村电子商务创业对农村家庭人均总消费的影响

变量名	(1)	(2)	(3)
	Ln（农村家庭人均总消费）		
Ln（电子商务经营家庭的数量+1）	0.014* (0.008)	0.017** (0.008)	0.017** (0.008)
户主年龄		-0.010*** (0.001)	-0.010*** (0.001)
户主性别		-0.050** (0.022)	-0.050** (0.022)
户主受教育年限		0.030*** (0.002)	0.030*** (0.002)
户主婚姻状况		-0.094** (0.037)	-0.095*** (0.037)
户主健康状况		0.023* (0.013)	0.023* (0.013)

表7-4(续)

变量名	(1)	(2)	(3)
	Ln（农村家庭人均总消费）		
农村家庭总收入		0.041*** (0.003)	0.041*** (0.003)
常住人口数量			-0.017 (0.011)
通往县城中心道路数量			0.009 (0.009)
行政村固定效应	控制	控制	控制
年份固定效应	控制	控制	控制
样本量	23 613	23 613	23 613
调整后的 R^2	0.420	0.443	0.443

注：*、** 和 *** 分别表示在 10%、5%和 1%的统计水平上显著，括号内为聚类到行政村层面的稳健标准误。

7.3.2 农村电子商务创业的消费边际效应

根据表 7-4 中列（3）的估计结果，笔者发现，总体而言，行政村中电子商务经营家庭的数量每增加 1%，农村家庭人均总消费金额就会增加 0.017%。结合中国家庭金融调查数据中的样本情况，即农村电子商务经营家庭的数量的均值为 5.538 户，农村家庭人均消费支出为 5 382.994 元，我们可以得出，每增加 1 户农村电子商务经营家庭，则农村家庭人均消费支出将增加 16.52 元。若以常住人口数量的均值计算，则每增加 1 户农村电子商务经营家庭，就能让全村提升 22 193.88 元的消费金额。

7.4 稳健性检验

本章将利用平衡面板数据，通过双向固定效应模型来缓解因遗漏变量而带来的内生性问题。前文的基准回归模型中使用了 2017 年、2019 年的中国家庭金融调查数据，并控制了家庭层面、行政村层面的特征变量，以及行政村固定效应和年份固定效应。考虑到家庭层面不随时间推移而变化的不可观测因素，如家族文化、家庭习惯等，一方面会影响当地的电子商务创业行为，另一方面会影响家庭消费行为，因此这些因素的遗漏可能导致回归结果出现偏差。为尽可能得到无偏差的估计结果，在稳健性检验部分，笔者进一步控制了家庭固定效应和年份固定效应。其中，家庭固定效应控制了不随时间推移而变化的家庭遗漏变量，年份固定效应则控制了年份层面的宏观冲击。在这一严格的控制条件下，本章将使用平衡面板数据进行回归分析。

具体而言，笔者利用模型（7-2）估计农村电子商务创业对农村家庭消费的影响。

$$\text{Consumption}_{\text{household}} = \alpha_1 + \beta_1 \text{Ecommerce}_{\text{village}} + \vartheta_{\text{Characteristics}} + \delta_{\text{household}} + \gamma_{\text{year}} + \varepsilon_{\text{village}} \quad (7-2)$$

其中，$\text{Consumption}_{\text{household}}$ 为行政村中家庭人均消费的对数值；$\text{Ecommerce}_{\text{village}}$为行政村中电子商务经营家庭的数量的对数值；$\vartheta_{\text{Characteristics}}$为行政村层面控制变量的向量，即常住人口数量的对数值、通往县城中心道路数量等；$\delta_{\text{household}}$为家庭固定效应，$\gamma_{\text{year}}$为年份固定效应，$\varepsilon_{\text{village}}$为随机扰动项，$\alpha_1$ 为常数项。为了减轻随机扰动项在家庭层面的相关性，本章将标准误聚类到行政村层面。笔者使用 2017 年、2019 年的中国城乡治理调查的平衡面板数据，同时剔除行政村控制变量的缺失值，一共得到 492 个样本行政村的数据。

表 7-5 汇报了模型（7-2）的回归结果。其中，列（1）为仅控制家庭固定效应和年份固定效应的双向固定效应模型的回归结果。列（2）为在列（1）的基础上进一步控制农村家庭特征变量后的估计结果。列（3）为在列（2）的基础上进一步控制行政村特征变量后的估计结果。以上回归结果都表明，农村电子商务创业显著增加了农村家庭人均总消费，这验证了基准回归结果的稳健性。

表 7-5　稳健性检验：农村电子商务创业对农村家庭人均总消费的影响

变量名	(1)	(2)	(3)
	Ln（农村家庭人均总消费）		
Ln（电子商务经营家庭的数量+1）	0.016** (0.008)	0.017** (0.008)	0.018** (0.008)
户主年龄		-0.003*** (0.001)	-0.003** (0.001)
户主性别		-0.094*** (0.033)	-0.094*** (0.033)
户主受教育年限		0.015*** (0.004)	0.015*** (0.004)
户主婚姻状况		-0.192*** (0.048)	-0.193*** (0.048)
户主健康状况		-0.038** (0.016)	-0.039** (0.016)
农村家庭总收入		0.018*** (0.004)	0.018*** (0.004)
常住人口数量			-0.020* (0.011)
通往县城中心道路数量			0.014 (0.009)
家庭固定效应	控制	控制	控制
年份固定效应	控制	控制	控制
样本量	23 613	23 613	23 613
调整后的 R^2	0.536	0.538	0.538

注：*、** 和 *** 分别表示在 10%、5%和 1%的统计水平上显著，括号内为聚类到行政村层面的稳健标准误。

7.5 机制分析：收入增长

收入是消费的决定性影响因素，因此农村电子商务创业的消费提升效应可能来源于收入增长机制。基于以淘宝村打造为代表的农村电子商务的快速发展，近年来众多学者探讨了其对农户增收致富的作用（曾亿武 等，2018；Luo et al.，2019；唐跃桓 等，2020；秦芳 等，2022；王奇 等，2022）。有学者认为，收入增长源于农村电子商务创业对农村劳动力进入市场的推动作用，对此，已有文献从创业和就业两方面进行了讨论（陈瑛等，2021）。

下面，本章将进一步检验农村电子商务创业对农村家庭收入的影响。表 7-6 展示了回归结果，数据显示，农村电子商务创业显著增加了农村家庭人均工资性收入。具体而言，回归系数为 0.050，标准误为 0.025。这意味着电子商务经营家庭的数量每增加 1%，则农村家庭人均工资性收入将提升 0.050%，结果在统计上显著。回归分析表明，电子商务经营家庭的数量的增加对农村家庭人均工资性收入有显著的正向影响。这表明，农村电子商务创业能够提升农村家庭的收入水平，促进农村地区的经济发展。在控制了户主特征变量、行政村特征变量、县域固定效应和年份固定效应后，结果仍然显著，这表明以上结论具有稳健性。总之，电子商务在农村地区的推广和发展，对提高农村家庭收入具有积极意义。

表 7-6　农村电子商务创业对农村家庭人均工资性收入的影响

变量名	(1)
	Ln（农村家庭人均工资性收入）
Ln（电子商务经营家庭的数量+1）	0.050** (0.025)
户主特征变量	控制
行政村特征变量	控制

表7-6(续)

变量名	(1)
	Ln（农村家庭人均工资性收入）
县域固定效应	控制
年份固定效应	控制
样本量	22 016
调整后的 R^2	0. 392

注：*、** 和 *** 分别表示在 10%、5%和 1%的统计水平上显著，括号内为聚类到行政村层面的稳健标准误。

7. 6　异质性分析

7. 6. 1　异质性分析：家庭特征

老年人的边际消费倾向较低（张川川 等，2015）。在数字化时代，老年群体因年龄较大、学习新事物速度较慢、数字技术应用能力不足等原因而难以跟上社会发展的速度。而农村电子商务具有一定的包容性，能够使空间压缩、物流业发达，从而使得老年人轻松地参与线上购物，进而在一定程度上释放消费潜力。

表 7-7 汇报了不同年龄户主的消费异质性。笔者按户主年龄的均值将样本分为年龄较小组和年龄较大组，在控制了户主特征变量、家庭特征变量、行政村特征变量和家庭固定效应、年份固定效应后发现，农村电子商务创业程度的提高对年龄较大组的家庭消费促进效应更强，这体现出农村电子商务的包容性特征。具体而言，在年龄较小组，农村电子商务创业的回归系数为 0. 014，标准误为 0. 012。这意味着农村电子商务创业对年轻户主的消费行为影响不显著。在年龄较大组，农村电子商务创业的回归系数为 0. 026，标准误为 0. 011。这意味着农村电子商务创业对年长户主的消费行为有显著正向影响。回归分析表明，农村电子商务创业对不同年龄段户

主的消费行为有不同的影响。在年龄较小组，农村电子商务创业对消费行为的影响不显著；而在年龄较大组，农村电子商务创业对消费行为有显著的正向影响。这说明，年长户主在农村电子商务创业中可能更加积极，或者更能从中受益，进而改变自己的消费行为。在控制了户主特征变量、家庭特征变量、行政村特征变量、家庭固定效应和年份固定效应后，结果仍然显著，这表明以上结论具有稳健性。

表 7-7　不同年龄户主的消费异质性

变量名	(1)	(2)
	Ln（农村家庭人均总消费）	
	年龄较小组	年龄较大组
农村电子商务创业	0.014 (0.012)	0.026** (0.011)
户主特征变量	控制	控制
家庭特征变量	控制	控制
行政村特征变量	控制	控制
家庭固定效应	控制	控制
年份固定效应	控制	控制
样本量	11 241	10 292
调整后的 R^2	0.502	0.597

注：*、** 和 *** 分别表示在 10%、5%和 1%的统计水平上显著，括号内为聚类到行政村层面的稳健标准误。

女性在线上消费中拥有天然的话语权，“她经济”已成为电子商务行业的热门词汇。在年轻女性群体中，追捧时尚、潮流的网络商品已成为主流消费观念（张梦霞，2005；赵群 等，2017）。数字经济的发展在一定程度上缓解了女性劳动力供给不足的问题，毛宇飞等（2017）发现，通过互联网获取信息有助于促进女性就业，尤其是非自雇就业和非农就业（潘明明 等，2021）。于（Yu et al., 2019）也发现，农村电子商务发展对女性有较强的经济赋能效应。

表 7-8 汇报了不同性别户主的消费异质性。笔者按户主性别的不同将样本分为男性组和女性组，在控制了户主特征变量、家庭特征变量、行政村特征变量和家庭固定效应、年份固定效应后发现，农村电子商务创业程度的提高对女性组的家庭消费促进效应更强，这体现出农村电子商务发展中不同性别户主的消费异质性，也在一定程度上反映出农村电子商务发展对性别平等的推动作用。具体而言，在男性组，农村电子商务创业的回归系数为 0.012，标准误为 0.008。这意味着农村电子商务创业对男性户主的家庭消费影响不显著。在女性组，农村电子商务创业的回归系数为 0.067，标准误为 0.033。这意味着农村电子商务创业对女性户主的家庭消费有显著正向影响。回归分析表明，农村电子商务创业对不同性别户主的家庭消费行为有不同的影响。在男性组，农村电子商务创业对家庭消费的影响不显著；而在女性组，农村电子商务创业对家庭消费有显著的正向影响。这表明，女性户主更能在农村电子商务创业中受益，或者通过更加积极的家庭消费行为来响应农村电子商务创业。在控制了户主特征变量、家庭特征变量、行政村特征变量、家庭固定效应和年份固定效应后，结果仍然显著，这表明以上结论具有稳健性。

表 7-8　不同性别户主的消费异质性

变量名	(1)	(2)
	Ln（农村家庭人均总消费）	
	男性组	女性组
农村电子商务创业	0.012 (0.008)	0.067** (0.033)
户主特征变量	控制	控制
家庭特征变量	控制	控制
行政村特征变量	控制	控制
家庭固定效应	控制	控制

表7-8(续)

变量名	(1)	(2)
	Ln（农村家庭人均总消费）	
	男性组	女性组
年份固定效应	控制	控制
样本量	20 669	1 770
调整后的 R^2	0.538	0.534

注：*、** 和 *** 分别表示在 10%、5%和 1%的统计水平上显著，括号内为聚类到行政村层面的稳健标准误。

电子商务发展扩大了产品市场，激发了消费者的多样化购物需求。电子商务作为一种新型商业模式，拉近了消费者与市场的距离。与传统渠道不同，线上渠道可以更好地减少供需矛盾，从而最大限度地满足消费者的需求。借助电子商务平台，消费者一方面可以获取更多更及时的信息，从而降低交易成本；另一方面可以购买到在本地不易购买到的商品，从而满足自身对商品的多样化需求。同时，低收入家庭的边际消费倾向较高。电子商务发展一方面通过扩大产品市场来增加商品种类，从而满足低收入家庭的消费需求；另一方面通过吸纳就业来提升低收入家庭的收入，进而增强其消费倾向。因此，从供给侧来看，电子商务平台提供了种类丰富的商品；从需求侧来看，收入的提高使得低收入家庭的多样化购物需求得到提升。综上所述，农村电子商务创业有助于激发低收入农村家庭的消费潜力，从而促进其消费。

表 7-9 汇报了不同收入家庭的消费异质性。笔者以农村家庭收入的中位数为标准，将样本分为低收入组和高收入组，在控制了户主特征变量、家庭特征变量、行政村特征变量和家庭固定效应、年份固定效应后发现，农村电子商务创业程度的提高对低收入组的家庭消费促进效应更强，这与前文的研究假设一致。具体而言，在低收入组，农村电子商务创业的回归系数为 0.038，标准误为 0.014。这意味着农村电子商务创业对低收入家庭的消费有显著的正向影响。在高收入组，农村电子商务创业的回归系数为

0.007，标准误为0.012。这意味着农村电子商务创业对高收入家庭的消费影响不显著。回归分析表明，农村电子商务创业对不同收入水平家庭的消费行为有不同的影响。在低收入组，农村电子商务创业对家庭消费有显著的正向影响；而在高收入组，农村电子商务创业对家庭消费的影响不显著。这表明，低收入家庭在参与农村电子商务创业时，会显著提高消费水平；而高收入家庭的消费行为可能受其他因素的影响较大，因此农村电子商务创业对其影响较小。在控制了户主特征变量、家庭特征变量、行政村特征变量、家庭固定效应和年份固定效应后，结果仍然显著，这表明以上结论具有稳健性。

表7-9　不同收入家庭的消费异质性

变量名	(1)	(2)
	Ln（农村家庭人均总消费）	
	低收入组	高收入组
农村电子商务创业	0.038*** (0.014)	0.007 (0.012)
户主特征变量	控制	控制
家庭特征变量	控制	控制
行政村特征变量	控制	控制
家庭固定效应	控制	控制
年份固定效应	控制	控制
样本量	20 669	1 770
调整后的 R^2	0.538	0.534

注：*、** 和 *** 分别表示在10%、5%和1%的统计水平上显著，括号内为聚类到行政村层面的稳健标准误。

7.6.2　异质性分析：行政村特征

农村电子商务发展水平的提高能够释放农村家庭的消费潜力，一个重要原因就在于，其能降低农村地区的贸易成本。地理位置偏远是影响农村家庭消费的一个重要因素，这是因为，传统的线下零售店铺在人口稀少、地形地貌复杂的县域往往面临更高的进入和运营成本。王奇（2022）指出，电子商务作为一种新型贸易方式，通过在线网络平台连接全国市场，从而降低企业开设实体店铺的固定成本，使企业能够服务长尾消费者，特别是农村消费群体，因此农村电子商务发展水平对偏远地区农村家庭的消费影响可能更大。基于此，本章将行政村到所在城市中心的距离作为衡量农村家庭居住位置偏远程度的指标。若行政村到所在城市中心的距离大于或等于中位数，则将农村家庭居住位置定义为较远；若行政村到所在城市中心的距离小于中位数，则将农村家庭居住位置定义为较近。笔者分别对距离所在城市中心较近组和距离所在城市中心较远组的样本进行回归，相关结果报告于表 7-10。其中，列（1）为距离所在城市中心较近组的回归结果，列（2）为距离所在城市中心较远组的回归结果。回归结果均发现，对距离所在城市中心较远的家庭而言，农村电子商务创业水平的提高有助于其释放消费潜力。具体而言，在距离所在城市中心较近组，农村电子商务创业的回归系数为 0.015，标准误为 0.010。这意味着农村电子商务创业对距离所在城市中心较近家庭的消费影响不显著。在距离所在城市中心较远组，农村电子商务创业的回归系数为 0.021，标准误为 0.012。这意味着农村电子商务创业对距离所在城市中心较远家庭的消费有显著正向影响。回归分析表明，农村电子商务创业对不同地理位置家庭的消费行为有不同的影响。在距离所在城市中心较近组，农村电子商务创业对家庭消费的影响不显著；而在距离所在城市中心较远组，农村电子商务创业对家庭消费有显著的正向影响。这表明，距离所在城市中心较远的家庭在参与农村电子商务创业时，会显著提高消费水平；而距离所在城市中心较近的家庭的消费行为可能受其他因素的影响较大，因此农村电子商务创业对其影响较小。在控制了户主特征变量、家庭特征变量、行政村特征变量、家庭固定效应和年份固定效应后，结果仍然显著，这表明以上结论具有稳健性。

表 7-10　不同地理位置的消费异质性

变量名	(1)	(2)
	Ln（农村家庭人均总消费）	
	距离所在城市中心较近组	距离所在城市中心较远组
农村电子商务创业	0.015 (0.010)	0.021* (0.012)
户主特征变量	控制	控制
家庭特征变量	控制	控制
行政村特征变量	控制	控制
家庭固定效应	控制	控制
年份固定效应	控制	控制
样本量	20 669	1 770
调整后的 R^2	0.538	0.534

注：*、** 和 *** 分别表示在 10%、5%和 1%的统计水平上显著，括号内为聚类到行政村层面的稳健标准误。

7.7　农村电子商务创业对农村家庭消费结构的影响

表 7-11 将农村家庭消费进一步区分为农村家庭生存型消费和农村家庭享受型消费。农村家庭生存型消费包括食品消费、衣着消费和日用品消费，农村家庭享受型消费包括美容化妆品消费、文化娱乐消费和网络通信消费。列（1）和列（2）分别展示了农村家庭生存型消费和农村家庭享受型消费的回归结果。在控制了户主特征变量、家庭特征变量、行政村特征变量和家庭固定效应、年份固定效应后，我们可以看到，农村电子商务创业程度的提高对农村家庭享受型消费的促进作用更大，这表明农村电子商务发展具备推动消费升级的作用。具体而言，对农村家庭生存型消费的影响：回归系数为 0.006，标准误为 0.012。这意味着电子商务经营家庭的数

量对农村家庭生存型消费的影响不显著。对农村家庭享受型消费的影响：回归系数为0.098，标准误为0.036。这意味着电子商务经营家庭的数量对农村家庭享受型消费有显著的正向影响。回归分析表明，电子商务经营家庭的数量对农村家庭生存型消费和农村家庭享受型消费存在显著的差异性影响。具体来说，电子商务经营家庭的数量的增加对农村家庭生存型消费没有显著影响，而对农村家庭享受型消费有显著的正向影响。这表明，农村电子商务发展更多地增加了农村家庭在享受型消费方面的支出，而对基本生活消费的影响较小。总之，农村电子商务创业在提升农村家庭生活质量和消费水平方面，特别是在促进享受型消费方面，具有重要作用。

表7-11　农村电子商务创业对农村家庭消费结构的影响

变量名	(1)	(2)
	Ln（农村家庭生存型消费）	Ln（农村家庭享受型消费）
Ln（电子商务经营家庭的数量+1）	0.006 (0.012)	0.098*** (0.036)
户主年龄	-0.001 (0.001)	-0.022*** (0.004)
户主性别	-0.107*** (0.036)	-0.015 (0.115)
户主受教育年限	0.010** (0.004)	0.031** (0.014)
户主婚姻状况	0.027 (0.056)	-0.156 (0.148)
户主健康状况	0.035** (0.016)	-0.125** (0.056)
农村家庭总收入	0.028*** (0.004)	0.086*** (0.013)
常住人口数量	0.005 (0.014)	0.050 (0.048)
通往县城中心道路数量	-0.003 (0.011)	0.064 (0.039)

表7-11(续)

变量名	(1) Ln（农村家庭生存型消费）	(2) Ln（农村家庭享受型消费）
家庭固定效应	控制	控制
年份固定效应	控制	控制
样本量	23 613	23 613
调整后的 R^2	0.372	0.262

注：*、** 和 *** 分别表示在 10%、5%和 1%的统计水平上显著，括号内为聚类到行政村层面的稳健标准误。

7.8 农村电子商务创业对农村消费不平等的影响

前文的研究证实了农村电子商务发展对农村家庭消费的增量效应，收入的提升是可能的影响机制。对老年群体、女性群体，电子商务具有更强的包容性，但作为一种数字技术，其仍然具备一定的技能偏向性，因此电子商务对高学历群体的消费促进效应更强。

那么，农村电子商务发展是否有利于减轻农村消费不平等？已有研究基本发现了数字普惠金融对消费不平等的抑制效应，认为数字普惠金融的发展可以降低地区消费不平等的程度，尤其是减小高收入阶层与低收入阶层之间的消费差距（张海洋 等，2022）。也有文章发现，电子商务发展对家庭消费的促进作用在农村地区、偏远山区更为明显（Fan et al.，2018；王奇 等，2022）。

笔者进一步检验了农村电子商务创业对农村消费不平等的影响。本章首先利用农村家庭人均消费支出数据计算农村家庭所在县域的消费基尼系数，并将其作为农村消费不平等的代理变量，其次将县域淘宝村占比数据作为农村电子商务创业的代理变量，最后在此基础上进行回归分析。表 7-12 展示了估计结果，列（1）仅控制了县域所在城市的固定效应，列（2）进一步控制了县域特征变量。我们可以看到，在县域层面，电子商务发展显著减轻了家庭消费不平等，这一结果在1%的统计水平上显著。具体而言，在未控制行政村特征变量的情况下，回归系数为-0.036，标准误为0.004。这表明电子商务经营家庭的数量的增加与消费不平等的减轻显著相关。在控制行政村特征变量的情况下，回归系数为-0.032，标准误为0.005。这表明电子商务经营家庭的数量的增加与消费不平等的减轻显著相关。回归分析表明，农村电子商务创业对农村消费不平等有显著的负向影响。具体来说，电子商务经营家庭的数量的增加显著减轻了农村消费不平等。这表明，农村电子商务发展有助于缩小农村地区的消费差距，并提升整体消费水平。在控制了行政村特征变量和县域固定效应后，结果仍然显著，这表明以上结论具有稳健性。

表7-12　农村电子商务创业对农村消费不平等的影响

变量名	(1)	(2)
	消费不平等	消费不平等
Ln（电子商务经营家庭的数量+1）	-0.036*** (0.004)	-0.032*** (0.005)
行政村特征变量	未控制	控制
县域固定效应	控制	控制
样本量	1 524	1 524
调整后的 R^2	0.061	0.084

7.9　农村电子商务创业对数字消费的影响

电子商务对线上消费的直接促进作用已得到较多文献的证实（刘湖等，2016；刘根荣，2017；孙浦阳 等，2017；Luo et al.，2019；王奇 等，2022）。但这些文献基本将关注点放在实物类商品的消费方面。实际上，电子商务作为一种依托互联网销售商品和服务的经营活动，不仅本身属于数字产业，而且能助推传统产业进行数字化转型（许宪春 等，2020）。电子商务的应用能够影响消费者的消费观念和消费习惯，一些服务类和生活类的数字消费同样可以通过电子商务平台进行。

表 7-13 展示了农村电子商务创业对数字消费的促进作用。列（1）和列（2）均为每亿元社会消费品零售总额中线上消费金额占比，指线上消费金额除以社会消费品零售总额。我们可以看到，在控制了县域特征变量、城市固定效应后，农村电子商务创业对每亿元社会消费品零售总额中线上消费金额占比有显著的提升作用。

表 7-13　农村电子商务创业对数字消费的影响

变量名	(1)	(2)
	每亿元社会消费品零售总额中线上消费金额占比	
县域淘宝村占比	0.051** (0.024)	0.069*** (0.023)
县域特征变量	未控制	控制
城市固定效应	控制	控制
样本量	1 842	1 834
调整后的 R^2	0.697	0.721

在表 7-14 中，列（1）和列（2）均为人均线上生活消费订单数，指使用支付宝缴纳水费、电费、燃气费、有线电视费、固话费、宽带费、物业费等的订单数量。我们可以看到，在控制了县域特征变量、城市固定效应后，农村电子商务创业对人均线上生活消费订单数有显著的提升作用。

表 7-14　农村电子商务创业对人均线上生活消费订单数的影响

变量名	(1)	(2)
	人均线上生活消费订单数	
县域淘宝村占比	0.050* (0.028)	0.052* (0.028)
县域特征变量	未控制	控制

表7-14(续)

变量名	(1)	(2)
	人均线上生活消费订单数	
城市固定效应	控制	控制
样本量	1 842	1 834
调整后的 R^2	0.752	0.753

在表 7-15 中，列（1）和列（2）均为人均线上生活消费金额，指使用支付宝缴纳水费、电费、燃气费、有线电视费、固话费、宽带费、物业费等的金额。我们可以看到，在控制了县域特征变量、城市固定效应后，农村电子商务创业对人均线上生活消费金额有显著的提升作用。

表 7-15　农村电子商务创业对人均线上生活消费金额的影响

变量名	(1)	(2)
	人均线上生活消费金额	
县域淘宝村占比	0.083*** (0.028)	0.081*** (0.029)
县域特征变量	未控制	控制
城市固定效应	控制	控制
样本量	1 842	1 834
调整后的 R^2	0.777	0.779

在表 7-16 中，列（1）和列（2）为乡村生活数字化指数。该指数为一级指数，主要包括数字消费指数、数字文旅教卫指数及数字生活服务指数。我们可以看到，在控制了县域特征变量、城市固定效应后，农村电子商务创业对乡村生活数字化指数具有显著的提升作用。具体而言，在未控制县域特征变量的情况下，县域淘宝村占比的回归系数为 0.059，标准误为 0.013。这意味着县域淘宝村占比每增加 1 个百分点，则乡村生活数字化指数将增加约 0.059 个百分点，结果在统计上非常显著。在控制县域特征变量的情况下，县域淘宝村占比的回归系数为 0.053，标准误为 0.013。

这意味着县域淘宝村占比每增加 1 个百分点，则乡村生活数字化指数将增加约 0. 053 个百分点，结果同样在统计上非常显著。可见，无论是否控制县域特征变量，县域淘宝村占比对乡村生活数字化指数都有显著的正向影响。这表明，淘宝村的存在能够显著提升乡村生活数字化水平，说明农村电子商务创业在促进乡村地区数字化转型方面发挥了重要作用。在控制县域特征变量后，回归系数略有下降，但仍然具有显著性。这表明以上结论具有稳健性。

表 7-16　农村电子商务创业对乡村生活数字化指数的影响

变量名	(1)	(2)
	乡村生活数字化指数	
县域淘宝村占比	0. 059***	0. 053***
	(0. 013)	(0. 013)
县域特征变量	未控制	控制
城市固定效应	控制	控制
样本量	1 842	1 834
调整后的 R^2	0. 705	0. 748

7. 10　进一步分析

农村电子商务创业能够推动数字消费，原因在于，其可以降低当地的贸易成本。此外，农村电子商务发展降低了商品信息的获取成本，使得偏远地区的消费者可以通过线上平台及时获得商品信息。同时，农村电子商务发展有助于打通农村物流“最后一公里”，从而降低商品运往农村地区的成本。

表 7-17 和表 7-18 分别展示了根据人口规模和地形起伏度分组的回归结果。可以看到，在线上消费金额方面，县域淘宝村占比的提升对人口规模较小、地形起伏度较大的县域有较大影响，而对人口规模较大、地形起伏度较

小的县域没有明显影响。这表明，农村电子商务创业程度的提升降低了农村贸易成本，能对人口、地形受限的地区产生更大的消费边际效应。

具体而言，在人口规模较小组，县域淘宝村占比的回归系数为0.146 9，标准误为0.042 0。这意味着县域淘宝村占比每增加1个百分点，则每亿元社会消费品零售总额中线上消费金额占比将增加约0.146 9个百分点，结果在统计上非常显著。在人口规模较大组，县域淘宝村占比的回归系数为0.032 1，标准误为0.029 1。这意味着县域淘宝村占比每增加1个百分点，则每亿元社会消费品零售总额中线上消费金额占比将增加约0.032 1个百分点，但该结果在统计上不显著。回归分析表明，在人口规模较小的地区，县域淘宝村占比对每亿元社会消费品零售总额中线上消费金额占比有显著的正向影响；而在人口规模较大的地区，这种影响不显著。这表明，在人口较少的地区，淘宝村的存在更能促进线上消费。这是因为，这些地区可能在传统零售方面受到诸多限制，而农村电子商务平台能够提供便利的购物途径。在人口较多的地区，淘宝村的影响相对较小，这是因为其已经建立了较为完善的零售体系。

表7-17　不同人口规模的消费异质性

变量名	(1)	(2)
	每亿元社会消费品零售总额中线上消费金额占比	
	人口规模较小组	人口规模较大组
县域淘宝村占比	0.146 9***	0.032 1
	(0.042 0)	(0.029 1)
县域特征变量	控制	控制
城市固定效应	控制	控制
样本量	869	885
调整后的 R^2	0.683 2	0.762 0

具体而言，在地形起伏度较小组，县域淘宝村占比的回归系数为0.033 6，标准误为0.035 5。这意味着县域淘宝村占比每增加1个百分点，则每亿元社会消费品零售总额中线上消费金额占比将增加约0.033 6个百

分点，但这个结果在统计上不显著。在地形起伏度较大组，县域淘宝村占比的回归系数为0.110 6，标准误为0.034 8。这意味着县域淘宝村占比每增加1个百分点，则每亿元社会消费品零售总额中线上消费金额占比将增加约0.110 6个百分点，结果在统计上非常显著。回归分析表明，在地形起伏度较大的地区，县域淘宝村占比对每亿元社会消费品零售总额中线上消费金额占比有显著的正向影响；而在地形起伏度较小的地区，这种影响不显著。这表明，在地形起伏度较大的地区，农村电子商务平台能够更加有效地促进线上消费。因为这些地区可能在传统零售方面面临诸多挑战，而农村电子商务平台能为其提供便利的购物渠道。

表 7-18　不同地形起伏度的消费异质性

变量名	(1)	(2)
	每亿元社会消费品零售总额中线上消费金额占比	
	地形起伏度较小组	地形起伏度较大组
县域淘宝村占比	0.033 6 (0.035 5)	0.110 6*** (0.034 8)
县域特征变量	控制	控制
城市固定效应	控制	控制
样本量	627	1 136
调整后的 R^2	0.754 5	0.699 8

7.11　本章小结

本章主要研究了农村电子商务创业对农村家庭消费的影响。基于2017年、2019年的中国家庭金融调查数据，本章在控制家庭固定效应、年份固定效应、户主特征变量和家庭特征变量后发现，农村电子商务创业显著促进了农村家庭总消费。机制分析发现，农村电子商务创业主要通过促进农村家庭人均工资性收入来促进农村家庭消费。异质性分析发现，农村电子商务创业对户主年龄较大、户主为女性、收入较低、居住在平原地区、距离所在城市中心较远的农村家庭有更大的消费促进作用。笔者进一步将农村家庭消费区分为农村家庭生存型消费和农村家庭享受型消费，发现农村电子商务创业对农村家庭享受型消费的促进作用较大，而对农村家庭生存型消费的刺激作用不明显。同时，本章发现，农村电子商务创业减轻了农村消费不平等，有助于全面提高农村家庭的消费水平。此外，基于中国县域数字乡村指数，笔者发现，农村电子商务发展对每亿元社会消费品零售总额中线上消费金额占比、人均线上生活消费订单数、人均线上生活消费金额和乡村生活数字化指数等都有显著的提升作用，且这一提升作用在人口规模较小、地形起伏度较大的地区更为明显。这表明，农村电子商务创业程度的提升降低了农村地区的贸易成本，能对人口、地形受限的地区产生更大的消费边际效应。

根据上述研究结果，本章提出如下政策建议：

第一，相关部门应进一步发挥农村电子商务创业促进农村家庭消费的作用。本章的研究发现，农村电子商务创业不仅有助于刺激农村家庭消费，而且有助于促进农村家庭消费升级，以及减轻农村消费不平等。因此，政府部门应积极推进农村电子商务健康可持续发展。

第二，相关部门应积极培育农村电子商务企业，加快消费方式变革，释放农村消费潜力，促进农产品进城、工业品下乡，推动线上线下融合发展。

第三，本章的研究发现，农村电子商务创业显著促进了县域数字经济的发展，因此，相关部门应不断完善现代物流体系，进一步降低物流成本，满足农村居民的线上消费需求。

第 8 章　研究结论、政策建议与研究展望

8.1　研究结论

本书的主要研究结论包括以下三点：

第一，本书将 2000—2019 年的县域电子商务企业注册数据与县域统计年鉴数据进行匹配，利用 2016 年起实施的返乡创业试点，使用准自然实验方法，研究了政府部门支持的返乡创业政策的实施效果。研究发现，返乡创业政策的实施显著促进了县域电子商务创业。总体而言，返乡创业政策的实施平均增加了 11.11%的县域电子商务企业注册数量。同时，双重差分模型估计了样本期间的平均处理效应，经测算，返乡创业政策的实施平均每年提升了约 2.78%的农村电子商务创业幅度。这一结果在排除其他同期政策、缩短样本时间及进行平行趋势检验后依然成立。进一步地，本书通过研究阿里研究院的县域淘宝店铺注册数据，发现政府部门支持的返乡创业政策促进了县域地区利用淘宝平台进行电子商务创业，提高了县域淘宝店铺的存活率，并增加了县域淘宝店铺的平均订单数量。机制分析发现，在人口流出的县域，返乡创业政策的实施显著促进了当地的电子商务创业。这表明，外出务工带来的物质资本和人力资本的积累有助于进城务工人员在返乡后进行电子商务创业。异质性分析发现，返乡创业政策的实

施更有利于西部地区的电子商务创业；同时，在人力资本前期积累较丰富的地区，返乡创业政策的实施会更加显著地促进电子商务创业，这也表明了人力资本的积累对县域电子商务创业具有重要作用。这些研究结果表明，政府部门支持的返乡创业政策显著增加了农村电子商务企业，并有助于淘宝店铺等小微企业的存活，也说明了出台区域性政策是促进农村电子商务发展的重要路径。以上研究揭示了实施返乡创业政策是提升农村地区创业活力、繁荣乡村产业及实现全面乡村振兴的重要推动力。

第二，本书利用西南财经大学中国家庭金融调查与研究中心于 2017 年、2019 年采集的中国社区治理调查数据，研究农村电子商务创业对农村劳动力就业的影响及微观作用机制。本书的研究发现，农村电子商务创业显著促进了农村居民本地就业。总体而言，电子商务创业家庭每增加 1%，则吸纳就业人数增加 38. 74%。在行政村中，平均电子商务创业户数为 5. 733 6 户，平均吸纳就业人数为 429 人。经测算，电子商务创业户数每增加 1 户，将促进 32 人就业。在控制双向固定效应后，上述结果依然稳健。机制分析发现，农村电子商务创业促进了农村特色产业发展。进一步的研究表明，农村电子商务创业减少了农村劳动力外流的情况。利用家庭微观数据，笔者研究发现，农村电子商务创业提升了农村居民的人均收入水平，且主要通过提升农村家庭人均工资性收入来提高农村家庭总收入。这揭示了农村电子商务创业是稳就业，促进农村特色产业发展，提升农户收入的重要渠道。

第三，本书主要关注农村电子商务创业通过提升农村家庭人均收入对农村家庭消费产生影响。基于 2017 年、2019 年采集的中国家庭金融调查数据，在控制家庭固定效应、年份固定效应、户主特征变量及家庭特征变量后，研究发现，农村电子商务创业显著增加了农村家庭总消费。机制分析发现，农村电子商务创业主要通过提高农村家庭人均工资性收入来促进农村家庭消费。异质性分析发现，对户主年龄较大、户主为女性、收入较低、距离所在城市中心较远的家庭而言，农村电子商务创业对其消费的促进作用更大。进一步地，笔者将农村家庭总消费分为农村家庭生存型消费和农村家庭享受型消费，发现电子商务创业对农村家庭享受型消费的促进作用较大，而对农村家庭生存型消费的提升作用不明显。同时，本书发现，农村电子商务创业减轻了农村家庭消费不平等，有助于均衡农村家庭消费水平。此外，基于中国县域数字乡村指数，本书研究发现，县域电子商务发展对每亿元社会消费品零售总额中线上消费金额占比、人均线上生活消费订单数、人均线上生活消费金额和乡村生活数字化指数等都有明显的提升作用，且这一作用在人口规模较小、地形起伏较大的地区更为显著。这表明，县域电子商务创业程度的提升降低了当地的贸易成本，并对受到人口、地形等因素限制的地区产生更大的消费边际效应。

8.2 政策建议

本书的研究表明，返乡创业政策的实施显著促进了县域新产业新业态的发展。因此，本书的政策建议如下：

第一，加大政策支持力度，壮大特色优势产业。

首先，进一步发挥政府部门支持的返乡创业政策对农村电子商务创业的促进作用。政府部门应继续坚持实施返乡创业政策，加快建立适应农产品特点的电子商务销售体系，形成返乡创业政策促进农村电子商务创业的长效机制，不断催生新产业新业态新模式。

其次，技术溢出效应是促进外出务工人员返乡创业的重要因素，而积累的物质资本和人力资本则为其返乡创业提供了重要支撑。本书的异质性分析发现，在人力资本水平较高的县域，返乡创业政策的实施效果更为显著，这说明我们应搭建多功能的创业支持服务平台，以便提供政策咨询、资金资助、法律援助等。

最后，壮大特色优势产业。本书的研究发现，返乡创业政策的实施有助于提升县域淘宝店铺的存活率。农村电子商务发展的重要作用就在于壮大本地优势特色产业。农村地区利用电子商务平台壮大本地优势特色产业，有助于打造产业集聚、市场竞争力强的中国特色农产品优势区，构建“一乡一业、一村一品”特色产业发展格局。

第二，深化供给侧结构性改革，强化人才培养。

首先，以供给侧结构性改革为指导优化乡村产业结构，促进乡村特色产业发展。农村地区时常出现农产品供给质量不高、不能满足城市居民消费需要、价格低廉、供过于求的情况，因此，相关部门应不断深化供给侧结构性改革，促进农村地区提高农产品质量，优化特色产品。此外，本书的研究发现，电子商务创业形成的特色产业集群有助于吸纳本地劳动力就地就业。因此，相关部门应引导返乡人员在创业时利用农村电子商务平台拓宽销售渠道，促进产业集聚，实现协同发展；同时，应鼓励返乡人员将创业与当地资源开发相结合，积极培育就业带动能力强、收入提升效果显著的特色产业。

其次，促进农村电子商务创业，加强农村电子商务人才储备。本书的研究表明，农村电子商务创业可以帮助农村劳动力实现就地就业，达到以创业带动就业的目的。因此，农村地区在电子商务人才储备方面应通过项目培育培养一批领军人才，打造一支爱农村、懂电子商务创业的专业技术人才队伍，为发展电子商务奠定基础。农村地区应以返乡创业人员为抓手，积极开展电子商务培训，加强创业载体建设；应建立人才引进、激励和保障体系，加大实用人才引进力度，促进其返乡创业，为大学生、农业科技人员、技术紧缺人才提供创业补贴，建立完善的服务保障制度。

最后，促进农产品进城、工业品下乡，实现线上线下融合发展。本书的研究发现，农村电子商务创业显著促进了县域生活数字化，因此相关部门应不断完善现代物流体系，进一步降低农村地区物流成本，持续提升农村地区物流效率，满足居民线上购物需求。

8.3 研究展望

本书使用多维度的数据展示我国农村电子商务创业情况，并对农村电子商务发展的路径及经济效应进行了研究，但仍有不足之处。笔者需要在今后的研究中进一步完善，具体如下：

第一，在内生性问题的处理上，虽然第 6 章、第 7 章使用了双向固定效应模型，以尽可能地缓解遗漏变量所导致的内生性问题，但随时间推移而变化的不可观测因素所导致的内生性问题仍然存在。因此，在接下来的研究中，笔者将使用行政村层面的地形起伏度等地理特征作为工具变量进行分析。

第二，在研究内容的拓展上，农村电子商务创业对农村经济的各方面都会产生影响，而本书受到数据可获得性的限制，仅研究了农村电子商务发展的路径及其对农村劳动力市场、农村家庭消费等方面的影响。此后，笔者将进一步研究农村电子商务创业对普惠金融高质量发展等的影响。

参考文献

柏培文，张云，2021. 数字经济、人口红利下降与中低技能劳动者权益［J］. 经济研究，56（5）：91-108.

陈斌开，陈思宇，2018. 流动的社会资本：传统宗族文化是否影响移民就业？［J］. 经济研究，53（3）：35-49.

陈刚，2015. 管制与创业：来自中国的微观证据［J］. 管理世界，12（5）：89-99，187-188.

陈维涛，韩峰，张国峰，2019. 互联网电子商务、企业研发与全要素生产率［J］. 南开经济研究（5）：41-59.

陈锡文，2018. 实施乡村振兴战略，推进农业农村现代化［J］. 中国农业大学学报（社会科学版），35（1）：5-12.

陈瑛，梁雅爽，向晶，2021. 互联网接入与劳动者多重就业：基于 CFPS 数据的实证研究［J］. 劳动经济研究，9（6）：72-97.

韩永辉，黄亮雄，王贤彬，2017. 产业政策推动地方产业结构升级了吗？基于发展型地方政府的理论解释与实证检验［J］. 经济研究，52（8）：33-48.

何欣，朱可涵，2019. 农户信息水平、精英俘获与农村低保瞄准［J］. 经济研究，54（12）：150-164.

黄祖辉，宋文豪，叶春辉，等，2022. 政府支持农民工返乡创业的县域经济增长效应：基于返乡创业试点政策的考察［J］. 中国农村经济（1）：24-43.

李海舰，李燕，2020. 对经济新形态的认识：微观经济的视角［J］. 中国工业经济（12）：159-177.
李宏彬，李杏，姚先国，等，2009. 企业家的创业与创新精神对中国经济增长的影响［J］. 经济研究，44（10）：99-108.
李中建，袁璐璐，2017. 务工距离对农民工就业质量的影响分析［J］. 中国农村经济（6）：70-83.
李卓，封立涛，2021. 光纤网络规模对农村非农就业的拉动效应［J］. 经济评论（1）：96-111.
刘根荣，2017. 电子商务对农村居民消费影响机理分析［J］. 中国流通经济，31（5）：96-104.
刘湖，张家平，2016. 互联网对农村居民消费结构的影响与区域差异［J］. 财经科学（4）：80-88.
刘鹏程，李磊，王小洁，2013. 企业家精神的性别差异：基于创业动机视角的研究［J］. 管理世界（8）：126-135.
刘生龙，张晓明，杨竺松，2021. 互联网使用对农村居民收入的影响［J］. 数量经济技术经济研究，38（4）：103-119.
吕明阳，彭希哲，陆蒙华，2020. 互联网使用对老年人就业参与的影响［J］. 经济学动态（10）：77-91.
马光荣，杨恩艳，2011. 社会网络、非正规金融与创业［J］. 经济研究，46（3）：83-94.
马俊龙，宁光杰，2017. 互联网与中国农村劳动力非农就业［J］. 财经科学（7）：50-63.
毛宇飞，曾湘泉，祝慧琳，2019. 互联网使用、就业决策与就业质量：基于 CGSS 数据的经验证据［J］. 经济理论与经济管理（1）：72-85.
毛宇飞，曾湘泉，2017. 互联网使用是否促进了女性就业：基于 CGSS 数据的经验分析［J］. 经济学动态（6）：21-31.
潘明明，蔡书凯，周游，2021. 互联网使用促进农村妇女非农就业了吗：基于苏、皖、豫、鄂四省调研数据的实证研究［J］. 农业技术经济（8）：133-144.

戚聿东，刘翠花，丁述磊，2020. 数字经济发展、就业结构优化与就业质量提升［J］. 经济学动态（11）：17-35.
秦芳，王剑程，胥芹，2022. 数字经济如何促进农户增收：来自农村电商发展的证据［J］. 经济学（季刊），22（2）：591-612.
秦雪征，周建波，辛奕，等，2014. 城乡二元医疗保险结构对农民工返乡意愿的影响：以北京市农民工为例［J］. 中国农村经济（2）：56-68.
邱子迅，周亚虹，2021. 电子商务对农村家庭增收作用的机制分析：基于需求与供给有效对接的微观检验［J］. 中国农村经济（4）：36-52.
宋林，何洋，2020. 互联网使用对中国农村劳动力就业选择的影响［J］. 中国人口科学（3）：61-74，127.
苏毅清，游玉婷，王志刚，2016. 农村一二三产业融合发展：理论探讨、现状分析与对策建议［J］. 中国软科学（8）：17-28.
孙浦阳，张靖佳，姜小雨，2017. 电子商务、搜寻成本与消费价格变化［J］. 经济研究 52（7）：139-154.
孙武军，徐乐，王轶，2021. 外出创业经历能提升返乡创业企业的经营绩效吗？基于 2139 家返乡创业企业的调查数据［J］. 统计研究，38（6）：57-69.
唐宁，谢勇，2019. 留守经历对劳动者就业质量的影响［J］. 中国农村经济（12）：48-64.
唐跃桓，杨其静，李秋芸，等，2020. 电子商务发展与农民增收：基于电子商务进农村综合示范政策的考察［J］. 中国农村经济（6）：75-94.
田鸽，张勋，2022. 数字经济、非农就业与社会分工［J］. 管理世界，38（5）：72-84，311.
王奇，李涵，赵国昌，等，2022. 农村电子商务服务点、贸易成本与家庭网络消费［J］. 财贸经济，43（6）：128-143.
王奇，牛耕，赵国昌，2021. 电子商务发展与乡村振兴：中国经验［J］. 世界经济 44（12）：55-75.
吴晓瑜，王敏，李力行，2014. 中国的高房价是否阻碍了创业？［J］. 经济研究，49（9）：121-134.
王西玉，崔传义，赵阳，2003. 打工与回乡：就业转变和农村发展：关于部分进城民工回乡创业的研究［J］. 管理世界（7）：99-109，155.
谢绚丽，沈艳，张皓星，等，2018. 数字金融能促进创业吗？来自中国的证据［J］. 经济学（季刊），17（4）：1557-1580.
徐超，吴玲萍，孙文平，2017. 外出务工经历、社会资本与返乡农民工创业：来自 CHIPS 数据的证据［J］. 财经研究，43（12）：30-44.
许宪春，张美慧，2020. 中国数字经济规模测算研究：基于国际比较的视角［J］. 中国工业经济（5）：23-41.
杨子砚，文峰，2020. 从务工到创业：农地流转与农村劳动力转移形式升级［J］. 管理世界，36（7）：171-185.
易行健，周利，2018. 数字普惠金融发展是否显著影响了居民消费：来自中国家庭的微观证据［J］. 金融研究（11）：47-67.
尹靖华，韩峰，2019. 市场潜力、厚劳动力市场与城市就业［J］. 财贸经济，40（4）：146-160.
尹志超，宋全云，吴雨，等，2015. 金融知识、创业决策和创业动机［J］. 管理世界（1）：87-98.
岳云嵩，李兵，2018. 电子商务平台应用与中国制造业企业出口绩效：基于“阿里巴巴”大数据的经验研究［J］. 中国工业经济（8）：97-115.
张川川，GILES J，赵耀辉，2015. 新型农村社会养老保险政策效果评估：收入、贫困、消费、主观福利和劳动供给［J］. 经济学（季刊），14（1）：203-230.
张海洋，韩晓，2022. 数字金融能缓和社会主要矛盾吗？消费不平等的视角［J］. 经济科学（2）：96-109.
张建华，周凤秀，温湖炜，2015. 关系网络、外出就业支持和农村劳动力转移［J］. 中国人口·资源与环境，25（S1）：367-370.
张军，赵达，周龙飞，2017. 最低工资标准提高对就业正规化的影响［J］. 中国工业经济（1）：81-97.

张梦霞，2005. 中国女性购买行为的价值观动因实证研究［J］. 财贸经济（10）：54-60，97.
张卫东，卜偲琦，彭旭辉，2021. 互联网技能、信息优势与农民工非农就业［J］. 财经科学（1）：118-132.
张务伟，张福明，杨学成，2011. 农村劳动力就业状况的微观影响因素及其作用机理：基于入户调查数据的实证分析［J］. 中国农村经济（11）：62-73，81.
张晓辉，1999. 农村劳动力就业结构研究［J］. 中国农村经济（10）：68-72.
张勋，杨桐，汪晨，等，2020. 数字金融发展与居民消费增长：理论与中国实践［J］. 管理世界，36（11）：48-63.
赵群，孙淑红，2017. 中国年轻女性消费观的影响因素分析［J］. 经济与管理，31（2）：82-87.
赵岳，谭之博，2012. 电子商务、银行信贷与中小企业融资：一个基于信息经济学的理论模型［J］. 经济研究，47（7）：99-112.
曾亿武，郭红东，金松青，2018. 电子商务有益于农民增收吗？来自江苏沭阳的证据［J］. 中国农村经济（2）：49-64.
周广肃，谭华清，李力行，2017. 外出务工经历有益于返乡农民工创业吗？［J］. 经济学（季刊），16（2）：793-814.
周振华，2003. 产业融合：产业发展及经济增长的新动力［J］. 中国工业经济（4）：46-52.
朱铭来，郑先平，李涛，2019. 宗族网络、保险制度与农村女性外出就业：基于 CFPS 数据库的空间计量实证分析［J］. 经济科学（4）：105-117.
祝仲坤，2020. 互联网技能会带来农村居民的消费升级吗？基于 CSS2015 数据的实证分析［J］. 统计研究，37（9）：68-81.
ACEMOGLU D，RESTREPO P，2018. The race between man and machine：implications of technology for growth，factor shares，and employment［J］. American economic review，108（6）：1488-1542.
AKERMAN A，GAARDER I，MOGSTAD M，2015. The skill complementarity of

broadband internet [J]. The quarterly journal of economics, 130 (4): 1781-1824.

AUTOR D, SALOMONS A, 2018. Is automation labor-displacing? Productivity-growth, employment, and the labor share [R]. National bureau of economic research.

BRIGLAUER W, DÜRR NS, FALCK O, et al., 2019. Does state aid for broadband deployment in rural areas close the digital and economic divide? [J]. Information economics and policy (46): 68-85.

BRYNJOLFSSON E, MCAFEE A, 2017. Artificial intelligence, forreal [J]. Harvard business review (1): 1-31.

CALLAWAY B, SANT' ANNA PH, 2021. Difference-in-differences with multiple timeperiods [J]. Journal of econometrics, 225 (2): 200-230.

CHAVA S, OETTL A, SINGH M, et al., 2022. Creative destruction? Impact of e-commerce on the retail sector [R]. National bureau of economic research.

CHEN S, LIU W, SONG H, 2020. Broadband internet, firm performance, and worker welfare: evidence and mechanism [J]. Economic inquiry, 58 (3): 1146-1166.

CHENG Z, SMYTH R, 2021. Education and migrant entrepreneurship in urban China [J]. Journal of economic behavior & organization (188): 506-529.

COUTURE V, FABER B, GU Y, et al., 2021. Connecting the countryside via e-commerce: evidence from China [J]. American economic review: insights, 3 (1): 35-50.

CZERNICH N, 2014. Does broadband internet reduce the unemployment rate? Evidence for Germany [J]. Information economics and policy (29): 32-45.

DÉMURGER S, XU H, 2011. Return migrants: the rise of new entrepreneurs in rural China [J]. World development, 39 (10): 1847-1861.

FAN J, TANG L, ZHU W, et al., 2018. The Alibaba effect: spatial consumption inequality and the welfare gains from e-commerce [J]. Journal of interna-

tional economics (114): 203-220.
FURMAN J, SEAMANS R, 2019. Ai and the economy [J]. Innovation policy and the economy, 19 (1): 161-191.
GOLDFARB A, TUCKER C, 2019. Digital economics [J]. Journal of economic literature, 57 (1): 3-43.
HE C, LU J, QIAN H, 2018. Entrepreneurship in China [J]. Small business economics, 52 (3): 563-572.
HEEKS R, BUKHT R, 2018. Digital economy policy in developing countries [R]. Manchester: University of Manchester.
HJORT J, POULSEN J, 2019. The arrival of fast internet and employment inAfrica [J]. American economic review, 109 (3): 1032-1079.
HORTAÇSU A, SYVERSON C, 2015. The ongoing evolution of us retail: a format tug-of-war [J]. Journal of economic perspectives, 29 (4): 89-112.
JAIN R, 2021. Information and communication technology adoption and the demand for female labor: the case of Indian industry [J]. The BE journal of economic analysis & policy, 21 (2): 695-722.
JO Y J, MATSUMURA M, WEINSTEIN D, 2019. The impact of e-commerce on relative prices and consumer welfare [R]. New York: National bureau of economic research.
KOLKO J, 2012. Broad band and local growth [J]. Journal of urban economics, 71 (1): 100-113.
KONG D, QIN N, XIANG J, 2021. Minimum wage and entrepreneurship: evidence from China [J]. Journal of economic behavior and organization (189): 320-336.
KOUTROUMPIS P, 2019. The economic impact of broadband: evidence from OECDcountries [J]. Technological forecasting and social change (148): 719.
KUHN P, MANSOUR H, 2014. Is internet job search still ineffective? [J]. The economic journal, 124 (581): 1213-1233.

KUHN P, SKUTERUD M, 2004. Internet job search and unemployment durations [J]. American economic review, 94 (1): 218-232.

LEDERMAN D, ZOUAIDI M, 2022. Incidence of the digital economy and frictional unemployment: international evidence [J]. Applied economics (6): 1-16.

LEWIS W, 1954. Economic development with unlimited supplies oflabour [J]. The Manchester school, 22 (2): 139-191.

LIU X, LU J, FILATOTCHEV I, et al., 2009. Returnee entrepreneurs, knowledge spillovers and innovation in high-tech firms in emerging economies [J]. Journal of international business studies, 40 (7): 1005-1021.

LU Y, SONG H, 2020. The effect of educational technology on college students' labor market performance[J]. Journal of population economics 33(3), 1101-1126.

LUO X, NIU C, 2019. E-commerce participation and household income growth in Taobao villages [R]. Washington: World bank policy research working paper.

LUO X, WANG Y, ZHANG X, 2019. E-commerce development and household consumption growth in China [R]. Working paper.

MA L, NIU D, SUN W, 2021. Transportation infrastructure and entrepreneurship: evidence from high-speed railway in China [J]. China economic review (65): 101.

QIN Y, FANG Y, 2022. The effects of e-commerce on regional poverty reduction: evidence from China's rural e-commerce demonstration county program [J]. China & world economy, 30 (3): 161-187.

VAZQUEZ E, WINKLER H, 2019. How do telecommunications reforms affectlabour market arrangements? Evidence from central and western Europe [J]. Economics of transition and institutional change, 27 (1): 31-64.

VIOLLAZ M, WINKLER H, 2022. Does the internet reduce gender gaps? The case of Jordan [J]. The journal of development studies, 58 (3): 436-453.

WEI X, JIAO Y, GROWE G, 2019. Language skills and migrant entrepreneurship: evidence from China [J]. Small business economics, 53 (4): 981-999.

WRIGHT M, LIU X, BUCK T, et al., 2008. Returnee entrepreneurs, science park location choice and performance: an analysis of high-technology SMEs in China [J]. Entrepreneurship theory and practice, 32 (1): 131-155.

YANG J Y, LI J, 2008. The development of entrepreneurship inChina [J]. Asia pacific journal of management, 25 (2): 335-359.

YU H, CUI L, 2019. China's e-commerce: empowering rural women? [J]. The China quarterly, 238: 418-437.

ZHANG C, 2020. Clans, entrepreneurship, and development of the private sector in China [J]. Journal of comparative economics, 48 (1): 100-123.

ZHOU W, 2014. Regional institutional development, political connections, and entrepreneurial performance in China's transition economy [J]. Small business economics, 43 (1): 161-181.

ZUO G W, 2021. Wired and hired: employment effects of subsidized broadband internet for low-income Americans [J]. American economic journal: economic policy, 13 (3): 447-482.

附　录

结合新型城镇化开展支持农民工等人员返乡创业试点地区名单如附表 1 所示。

附表 1　结合新型城镇化开展支持农民工等人员返乡创业试点地区名单

省（自治区、直辖市）名称	县域名称	试点时间及批次
河北省	威县	2016 年 2 月第一批试点县
河北省	平泉县	2016 年 2 月第一批试点县
河北省	魏县	2016 年 2 月第一批试点县
山西省	介休市	2016 年 2 月第一批试点县
山西省	寿阳县	2016 年 2 月第一批试点县
山西省	蒲县	2016 年 2 月第一批试点县
内蒙古自治区	扎兰屯市	2016 年 2 月第一批试点县
内蒙古自治区	巴林左旗	2016 年 2 月第一批试点县
内蒙古自治区	和林格尔县	2016 年 2 月第一批试点县
辽宁省	大洼县	2016 年 2 月第一批试点县
吉林省	抚松县	2016 年 2 月第一批试点县
吉林省	珲春市	2016 年 2 月第一批试点县
吉林省	舒兰市	2016 年 2 月第一批试点县
吉林省	汪清县	2016 年 2 月第一批试点县
黑龙江省	方正县	2016 年 2 月第一批试点县
黑龙江省	宁安市	2016 年 2 月第一批试点县

附表1(续)

省（自治区、直辖市）名称	县域名称	试点时间及批次
黑龙江省	青冈县	2016 年 2 月第一批试点县
江苏省	宿迁市宿城区	2016 年 2 月第一批试点县
江苏省	新沂市	2016 年 2 月第一批试点县
江苏省	泗洪县	2016 年 2 月第一批试点县
江苏省	泗阳县	2016 年 2 月第一批试点县
浙江省	桐庐县	2016 年 2 月第一批试点县
浙江省	庆元县	2016 年 2 月第一批试点县
浙江省	云和县	2016 年 2 月第一批试点县
浙江省	龙泉市	2016 年 2 月第一批试点县
浙江省	松阳县	2016 年 2 月第一批试点县
安徽省	涡阳县	2016 年 2 月第一批试点县
安徽省	泗县	2016 年 2 月第一批试点县
安徽省	金寨县	2016 年 2 月第一批试点县
安徽省	界首市	2016 年 2 月第一批试点县
福建省	邵武市	2016 年 2 月第一批试点县
江西省	德兴市	2016 年 2 月第一批试点县
江西省	新干县	2016 年 2 月第一批试点县
江西省	宁都县	2016 年 2 月第一批试点县
江西省	余江县	2016 年 2 月第一批试点县
山东省	邹城市	2016 年 2 月第一批试点县
山东省	武城县	2016 年 2 月第一批试点县
山东省	郓城县	2016 年 2 月第一批试点县
山东省	淄川区	2016 年 2 月第一批试点县
河南省	汝州市	2016 年 2 月第一批试点县
河南省	宜阳县	2016 年 2 月第一批试点县
河南省	光山县	2016 年 2 月第一批试点县

附表1(续)

省（自治区、直辖市）名称	县域名称	试点时间及批次
河南省	西平县	2016年2月第一批试点县
河南省	兰考县	2016年2月第一批试点县
湖北省	通城县	2016年2月第一批试点县
湖北省	罗田县	2016年2月第一批试点县
湖北省	仙桃市	2016年2月第一批试点县
湖北省	巴东县	2016年2月第一批试点县
湖南省	醴陵市	2016年2月第一批试点县
湖南省	江永县	2016年2月第一批试点县
湖南省	涟源市	2016年2月第一批试点县
湖南省	资兴市	2016年2月第一批试点县
湖南省	芷江县	2016年2月第一批试点县
广东省	清新区	2016年2月第一批试点县
广东省	南雄市	2016年2月第一批试点县
广西壮族自治区	平果县	2016年2月第一批试点县
广西壮族自治区	灵山县	2016年2月第一批试点县
广西壮族自治区	岑溪市	2016年2月第一批试点县
广西壮族自治区	浦北县	2016年2月第一批试点县
重庆市	开县	2016年2月第一批试点县
重庆市	綦江区	2016年2月第一批试点县
四川省	富顺县	2016年2月第一批试点县
四川省	宜宾县	2016年2月第一批试点县
四川省	内江市市中区	2016年2月第一批试点县
四川省	仁寿县	2016年2月第一批试点县
四川省	简阳市	2016年2月第一批试点县
贵州省	遵义市汇川区	2016年2月第一批试点县
贵州省	兴仁县	2016年2月第一批试点县

附表1(续)

省（自治区、直辖市）名称	县域名称	试点时间及批次
贵州省	印江县	2016年2月第一批试点县
贵州省	凯里市	2016年2月第一批试点县
云南省	沾益县	2016年2月第一批试点县
云南省	弥勒市	2016年2月第一批试点县
西藏自治区	拉萨市堆龙德庆区	2016年2月第一批试点县
西藏自治区	日喀则市桑珠孜区	2016年2月第一批试点县
西藏自治区	昌都市卡若区	2016年2月第一批试点县
陕西省	韩城市	2016年2月第一批试点县
陕西省	子长县	2016年2月第一批试点县
陕西省	紫阳县	2016年2月第一批试点县
陕西省	平利县	2016年2月第一批试点县
甘肃省	武威市凉州区	2016年2月第一批试点县
甘肃省	康县	2016年2月第一批试点县
甘肃省	陇西县	2016年2月第一批试点县
甘肃省	环县	2016年2月第一批试点县
青海省	大通县	2016年2月第一批试点县
青海省	化隆县	2016年2月第一批试点县
宁夏回族自治区	平罗县	2016年2月第一批试点县
宁夏回族自治区	同心县	2016年2月第一批试点县
新疆维吾尔自治区	伊宁市	2016年2月第一批试点县
新疆维吾尔自治区	喀什市	2016年2月第一批试点县
新疆维吾尔自治区	和田市	2016年2月第一批试点县
河北省	阜城县	2016年12月第二批试点县
河北省	临西县	2016年12月第二批试点县
河北省	滦平县	2016年12月第二批试点县
河北省	南和县	2016年12月第二批试点县

附表1(续)

省（自治区、直辖市）名称	县域名称	试点时间及批次
山西省	文水县	2016年12月第二批试点县
山西省	岚县	2016年12月第二批试点县
山西省	侯马市	2016年12月第二批试点县
山西省	武乡县	2016年12月第二批试点县
山西省	泽州县	2016年12月第二批试点县
内蒙古自治区	托克托县	2016年12月第二批试点县
内蒙古自治区	五原县	2016年12月第二批试点县
内蒙古自治区	阿荣旗	2016年12月第二批试点县
内蒙古自治区	准格尔旗	2016年12月第二批试点县
内蒙古自治区	土默特右旗	2016年12月第二批试点县
辽宁省	南票区	2016年12月第二批试点县
吉林省	梨树县	2016年12月第二批试点县
吉林省	农安县	2016年12月第二批试点县
吉林省	敦化市	2016年12月第二批试点县
吉林省	延吉市	2016年12月第二批试点县
黑龙江省	穆棱市	2016年12月第二批试点县
黑龙江省	绥滨县	2016年12月第二批试点县
黑龙江省	兰西县	2016年12月第二批试点县
江苏省	句容市	2016年12月第二批试点县
江苏省	赣榆区	2016年12月第二批试点县
江苏省	邳州市	2016年12月第二批试点县
江苏省	启东市	2016年12月第二批试点县
江苏省	宿迁市	2016年12月第二批试点县
江苏省	宿豫区	2016年12月第二批试点县
浙江省	莲都区	2016年12月第二批试点县
浙江省	遂昌县	2016年12月第二批试点县

附表1（续）

省（自治区、直辖市）名称	县域名称	试点时间及批次
安徽省	阜南县	2016年12月第二批试点县
安徽省	太和县	2016年12月第二批试点县
安徽省	濉溪县	2016年12月第二批试点县
安徽省	太湖县	2016年12月第二批试点县
安徽省	庐江县	2016年12月第二批试点县
安徽省	无为县	2016年12月第二批试点县
福建省	长汀县	2016年12月第二批试点县
江西省	遂川县	2016年12月第二批试点县
江西省	于都县	2016年12月第二批试点县
江西省	南康区	2016年12月第二批试点县
江西省	乐平市	2016年12月第二批试点县
江西省	湘东区	2016年12月第二批试点县
江西省	贵溪市	2016年12月第二批试点县
山东省	平度市	2016年12月第二批试点县
山东省	滕州市	2016年12月第二批试点县
山东省	牡丹区	2016年12月第二批试点县
山东省	高青县	2016年12月第二批试点县
山东省	昌乐县	2016年12月第二批试点县
河南省	南乐县	2016年12月第二批试点县
河南省	夏邑县	2016年12月第二批试点县
河南省	沈丘县	2016年12月第二批试点县
河南省	平舆县	2016年12月第二批试点县
河南省	方城县	2016年12月第二批试点县
河南省	禹州市	2016年12月第二批试点县
湖北省	天门市	2016年12月第二批试点县
湖北省	麻城市	2016年12月第二批试点县

附表1(续)

省（自治区、直辖市）名称	县域名称	试点时间及批次
湖北省	云梦县	2016年12月第二批试点县
湖北省	枝江市	2016年12月第二批试点县
湖北省	郧西县	2016年12月第二批试点县
湖北省	钟祥市	2016年12月第二批试点县
湖南省	湘潭县	2016年12月第二批试点县
湖南省	宁乡县	2016年12月第二批试点县
湖南省	慈利县	2016年12月第二批试点县
湖南省	衡阳县	2016年12月第二批试点县
湖南省	安乡县	2016年12月第二批试点县
湖南省	道县	2016年12月第二批试点县
广东省	怀集县	2016年12月第二批试点县
广西壮族自治区	大化瑶族自治县	2016年12月第二批试点县
广西壮族自治区	荔浦县	2016年12月第二批试点县
广西壮族自治区	贺州市平桂区	2016年12月第二批试点县
广西壮族自治区	来宾市兴	2016年12月第二批试点县
海南省	琼海市	2016年12月第二批试点县
海南省	澄迈县	2016年12月第二批试点县
重庆市	垫江县	2016年12月第二批试点县
重庆市	江津区	2016年12月第二批试点县
重庆市	永川区	2016年12月第二批试点县
重庆市	黔江区	2016年12月第二批试点县
重庆市	合川区	2016年12月第二批试点县
四川省	遂宁市船山区	2016年12月第二批试点县
四川省	阆中市	2016年12月第二批试点县
四川省	剑阁县	2016年12月第二批试点县
四川省	邛崃市	2016年12月第二批试点县

附表1(续)

省（自治区、直辖市）名称	县域名称	试点时间及批次
四川省	绵阳市安州区	2016年12月第二批试点县
四川省	宜宾市南溪区	2016年12月第二批试点县
贵州省	清镇市	2016年12月第二批试点县
贵州省	正安县	2016年12月第二批试点县
贵州省	六盘水市钟山区	2016年12月第二批试点县
贵州省	荔波县	2016年12月第二批试点县
贵州省	台江县	2016年12月第二批试点县
云南省	南华县	2016年12月第二批试点县
云南省	普洱市思茅区	2016年12月第二批试点县
云南省	陆良县	2016年12月第二批试点县
云南省	祥云县	2016年12月第二批试点县
云南省	蒙自市	2016年12月第二批试点县
西藏自治区	工布江达县	2016年12月第二批试点县
西藏自治区	山南市乃东区	2016年12月第二批试点县
西藏自治区	芒康县	2016年12月第二批试点县
陕西省	扶风县	2016年12月第二批试点县
陕西省	澄城县	2016年12月第二批试点县
陕西省	商南县	2016年12月第二批试点县
陕西省	延安市宝塔区	2016年12月第二批试点县
陕西省	咸阳市杨陵区	2016年12月第二批试点县
甘肃省	高台县	2016年12月第二批试点县
甘肃省	渭源县	2016年12月第二批试点县
甘肃省	兰州市红古区	2016年12月第二批试点县
甘肃省	白银市平川区定	2016年12月第二批试点县
宁夏回族自治区	贺兰县	2016年12月第二批试点县
宁夏回族自治区	青铜峡市	2016年12月第二批试点县

附表1（续）

省（自治区、直辖市）名称	县域名称	试点时间及批次
宁夏回族自治区	盐池县	2016年12月第二批试点县
新疆维吾尔自治区	库尔勒市	2016年12月第二批试点县
新疆维吾尔自治区	库车县	2016年12月第二批试点县
新疆维吾尔自治区	阿图什市	2016年12月第二批试点县
新疆维吾尔自治区	吉木萨尔县	2016年12月第二批试点县
新疆维吾尔自治区	巴里坤县	2016年12月第二批试点县
安徽省	临泉县	2017年10月第三批试点县
安徽省	望江县	2017年10月第三批试点县
安徽省	谯城区	2017年10月第三批试点县
安徽省	潜山县	2017年10月第三批试点县
安徽省	定远县	2017年10月第三批试点县
安徽省	石台县	2017年10月第三批试点县
安徽省	埇桥区	2017年10月第三批试点县
福建省	连城县	2017年10月第三批试点县
福建省	武平县	2017年10月第三批试点县
福建省	古田县	2017年10月第三批试点县
甘肃省	临洮县	2017年10月第三批试点县
甘肃省	临泽县	2017年10月第三批试点县
甘肃省	肃州区	2017年10月第三批试点县
甘肃省	临夏县	2017年10月第三批试点县
甘肃省	古浪县	2017年10月第三批试点县
甘肃省	皋兰县	2017年10月第三批试点县
甘肃省	榆中县	2017年10月第三批试点县
广西壮族自治区	全州县	2017年10月第三批试点县
广西壮族自治区	靖西市	2017年10月第三批试点县
广西壮族自治区	容县	2017年10月第三批试点县

附表1(续)

省（自治区、直辖市）名称	县域名称	试点时间及批次
广西壮族自治区	融安县	2017年10月第三批试点县
贵州省	玉屏县	2017年10月第三批试点县
贵州省	施秉县	2017年10月第三批试点县
贵州省	独山县	2017年10月第三批试点县
贵州省	兴义市	2017年10月第三批试点县
贵州省	龙里县	2017年10月第三批试点县
贵州省	普定县	2017年10月第三批试点县
海南省	文昌市	2017年10月第三批试点县
河北省	大名县	2017年10月第三批试点县
河北省	临城县	2017年10月第三批试点县
河北省	阳原县	2017年10月第三批试点县
河北省	肃宁县	2017年10月第三批试点县
河北省	宽城县	2017年10月第三批试点县
河南省	鹿邑县	2017年10月第三批试点县
河南省	博爱县	2017年10月第三批试点县
河南省	新蔡县	2017年10月第三批试点县
河南省	鲁山县	2017年10月第三批试点县
河南省	项城市	2017年10月第三批试点县
河南省	虞城县	2017年10月第三批试点县
河南省	原阳县	2017年10月第三批试点县
河南省	孟津县	2017年10月第三批试点县
河南省	台前县	2017年10月第三批试点县
河南省	清丰县	2017年10月第三批试点县
黑龙江省	海林市	2017年10月第三批试点县
黑龙江省	鸡东县	2017年10月第三批试点县
黑龙江省	密山市	2017年10月第三批试点县

附表1(续)

省（自治区、直辖市）名称	县域名称	试点时间及批次
黑龙江省	勃利县	2017 年 10 月第三批试点县
湖北省	监利县	2017 年 10 月第三批试点县
湖北省	阳新县	2017 年 10 月第三批试点县
湖北省	松滋市	2017 年 10 月第三批试点县
湖北省	房县	2017 年 10 月第三批试点县
湖北省	黄梅县	2017 年 10 月第三批试点县
湖北省	随县	2017 年 10 月第三批试点县
湖南省	平江县	2017 年 10 月第三批试点县
湖南省	桃源县	2017 年 10 月第三批试点县
湖南省	赫山区	2017 年 10 月第三批试点县
湖南省	泸溪县	2017 年 10 月第三批试点县
湖南省	江华县	2017 年 10 月第三批试点县
湖南省	桃江县	2017 年 10 月第三批试点县
湖南省	湘阴县	2017 年 10 月第三批试点县
湖南省	祁阳县	2017 年 10 月第三批试点县
吉林省	和龙市	2017 年 10 月第三批试点县
吉林省	辉南县	2017 年 10 月第三批试点县
吉林省	集安市	2017 年 10 月第三批试点县
吉林省	龙山区	2017 年 10 月第三批试点县
江苏省	丰县	2017 年 10 月第三批试点县
江苏省	沛县	2017 年 10 月第三批试点县
江苏省	沭阳县	2017 年 10 月第三批试点县
江苏省	金湖县	2017 年 10 月第三批试点县
江苏省	如皋市	2017 年 10 月第三批试点县
江西省	泰和县	2017 年 10 月第三批试点县
江西省	井冈山市	2017 年 10 月第三批试点县

附表1（续）

省（自治区、直辖市）名称	县域名称	试点时间及批次
江西省	瑞金市	2017年10月第三批试点县
江西省	定南县	2017年10月第三批试点县
江西省	兴国县	2017年10月第三批试点县
江西省	南城县	2017年10月第三批试点县
江西省	上栗县	2017年10月第三批试点县
江西省	安源区	2017年10月第三批试点县
江西省	全南县	2017年10月第三批试点县
江西省	石城县	2017年10月第三批试点县
辽宁省	桓仁县	2017年10月第三批试点县
辽宁省	朝阳县	2017年10月第三批试点县
辽宁省	龙城区	2017年10月第三批试点县
内蒙古自治区	林西县	2017年10月第三批试点县
内蒙古自治区	奈曼旗	2017年10月第三批试点县
内蒙古自治区	固阳县	2017年10月第三批试点县
内蒙古自治区	正蓝旗	2017年10月第三批试点县
内蒙古自治区	集宁区	2017年10月第三批试点县
宁夏回族自治区	彭阳县	2017年10月第三批试点县
宁夏回族自治区	西夏区	2017年10月第三批试点县
宁夏回族自治区	利通区	2017年10月第三批试点县
山东省	沂源县	2017年10月第三批试点县
山东省	汶上县	2017年10月第三批试点县
山东省	新泰市	2017年10月第三批试点县
山东省	沂南县	2017年10月第三批试点县
山东省	庆云县	2017年10月第三批试点县
山东省	滨城区	2017年10月第三批试点县
山东省	曹县	2017年10月第三批试点县

附表1(续)

省 （自治区、 直辖市）名称	县域名称	试点时间及批次
山西省	交城县	2017 年 10 月第三批试点县
山西省	方山县	2017 年 10 月第三批试点县
山西省	曲沃县	2017 年 10 月第三批试点县
陕西省	眉县	2017 年 10 月第三批试点县
陕西省	耀州区	2017 年 10 月第三批试点县
陕西省	印台区	2017 年 10 月第三批试点县
陕西省	延川县	2017 年 10 月第三批试点县
陕西省	定边县	2017 年 10 月第三批试点县
陕西省	镇巴县	2017 年 10 月第三批试点县
陕西省	西乡县	2017 年 10 月第三批试点县
陕西省	石泉县	2017 年 10 月第三批试点县
陕西省	洛南县	2017 年 10 月第三批试点县
四川省	沐川县	2017 年 10 月第三批试点县
四川省	三台县	2017 年 10 月第三批试点县
四川省	苍溪县	2017 年 10 月第三批试点县
四川省	通江县	2017 年 10 月第三批试点县
四川省	宣汉县	2017 年 10 月第三批试点县
四川省	万源市	2017 年 10 月第三批试点县
四川省	纳溪区	2017 年 10 月第三批试点县
四川省	罗江县	2017 年 10 月第三批试点县
西藏自治区	巴宜区	2017 年 10 月第三批试点县
西藏自治区	曲水县	2017 年 10 月第三批试点县
西藏自治区	加查县	2017 年 10 月第三批试点县
新疆维吾尔自治区	托克逊县	2017 年 10 月第三批试点县
新疆维吾尔自治区	博乐市	2017 年 10 月第三批试点县
新疆维吾尔自治区	察布查尔县	2017 年 10 月第三批试点县

附表1(续)

省（自治区、直辖市）名称	县域名称	试点时间及批次
云南省	隆阳区	2017年10月第三批试点县
云南省	镇雄县	2017年10月第三批试点县
云南省	砚山县	2017年10月第三批试点县
云南省	凤庆县	2017年10月第三批试点县
云南省	石屏县	2017年10月第三批试点县
云南省	昭阳区	2017年10月第三批试点县
云南省	巍山县	2017年10月第三批试点县
云南省	永平县	2017年10月第三批试点县
重庆市	奉节县	2017年10月第三批试点县
重庆市	渝北区	2017年10月第三批试点县
重庆市	璧山区	2017年10月第三批试点县